遇見「過動兒」，請轉個彎

李宏鎰 著

心理出版社

作者簡介

李宏鎰

現任：中山醫學大學心理系暨臨床心理學碩士
　　　班教授
　　　勵心心理諮商所特聘心理師
　　　國立台中教育大學早療所兼任教授
　　　財團法人台灣赤子心過動症協會顧問
　　　台中市鑑定安置審查委員

曾任：台灣應用心理學會理事長
　　　中山醫學大學心理系系主任
　　　台中市特殊教育專業團隊服務人員
　　　國立台中教育大學諮商與教育心理所兼任教授
　　　國立彰化師範大學諮商與輔導學系兼任助理教授
　　　高雄醫學大學行為科學所專任助理教授
　　　高雄市注意力缺陷過動症協會顧問

自序

　　這本書記錄的是這幾年來，我在從事過動兒（ADHD）研究及演講的過程中，所遇見的幾個較特別個案，其中有孩子，也有成人，他們絕大多數是「ADHD 患者」（原諒我找不到更好的字詞），少數不是。我花了不少時間，寫下這一個一個故事，利用簡單的詞彙介紹數個過動兒的概念，單純的只是想跟對過動兒有興趣的朋友分享過動兒的知識，希望這幾個鮮明的個案可以活躍在您的腦海中。在個人的幾次演講後，總有學校老師或家長詢問我是否有出書，可以讓他們買回家看，細細瞭解我課堂上的內容。可惜的是，我平時忙於撰寫研究論文（面對屬於我自己的壓力），實在挪不出時間寫科普文章，記下這幾個可以令我省思的個案。二〇〇八年初，我終於決定，該為 ADHD 患者進一步做一些事了，不然我將永遠一事無成（對 ADHD 朋友）。於是，我記錄一些曾經到我實驗室尋求協助的個案，或是我特地去訪談的個案，將他們特有的

問題與關心過動兒的您分享，希望您可以對過動兒有啟發性的理解，如此，也不辜負這些個案的付出。當然，這些個案大多是以匿名的方式被保護著，當然有一、二位成人個案已經在一些公開場合被報導到，所以並沒有以匿名方式呈現，他們也很願意以真名方式與大家分享他們的成功經驗。

這本書以非常簡單的文句書寫，而且段落分明，主要是希望給一般父母，尤其是較弱勢家庭的父母可以閱讀，甚至是過動兒本身也可以閱讀。而且，要求編輯時盡可能將行距加大，字體不可太小，以利注意力不足的讀者可以閱讀，因為許多過動兒的父母親本身就是 ADHD 患者，他們對密密麻麻冗長的句子是閱讀不來的。

過動兒屬隱性障礙者，也就是不容易從外觀就可以看出來的。雖然，他們似乎很不安份、容易闖禍；然而，他們卻有正常的智力，天馬行空的想法，如果善加教誨，他日可謂前途無量。

在國外，因為教育方式較具彈性，價值觀較多元，已有不少過動兒長大後社會成就非常好。反觀國內，少數教師及家長對過動兒不甚瞭解，因此教育不當，束縛了這些孩子，至今，台灣過動兒的

發展，仍有很大的受限空間。但可喜的是，我已經看到曙光，很多教師及家長開始接觸過動兒相關知識，逐步瞭解該如何與他們相處。非常希望有一天，台灣也可以出現一位像英國首相邱吉爾或發明家愛迪生那樣偉大的過動兒。

李宏鎰

二〇〇八年元宵

目錄

壹、前言

在正式進入個案前，仍然必須先向讀者們介紹一下，一般過動兒的基本概念及診斷標準，以利閱讀。

過動兒的正式學名為「注意力缺陷／過動症」（Attention Deficit/Hyperactivity Disorder，簡稱 ADHD 兒童）在外顯行為上經常會表現出注意力不足、過動及衝動三大特質。

根據《精神疾病診斷與統計手冊》第四版（*Diagnostic and Statistical Manual of Mental Disorders*, 4ᵗʰ edition，簡稱 DSM-IV）的標準，有關注意力缺陷及過動—衝動的症狀界定標準分別如下。

一、注意力缺陷的症狀
（要有六項以上，且持續六個月以上）

1. 對學校作業、功課或其他活動經常無法留意細節或粗心犯錯。

2.維持注意力在作業或遊戲活動中經常有困難。

3.跟他說話時，常常沒在聽。

4.對指定的事經常無法堅持到底，對學校作業、家事或工作中的責任事項也常無法完成（並非因為反抗行為或不瞭解命令的內容）。

5.對他安排工作與活動常有困難。

6.對需要持續專心從事的工作（如學校或家庭作業）常會逃避、厭惡或做得不甘願。

7.常弄丟工作或活動所需的物品（如玩具、作業本、鉛筆、書或工具等）。

8.經常受到外來刺激的吸引而分心。

9.在日常活動中經常健忘、疏忽。

二、過動—衝動的症狀

（要有六項以上，且持續六個月以上）

1.經常在座位上動手動腳或不安份的蠕動。

2.經常在教室或其他需要坐好的場合中離開座位。

3.常常不顧場合過分的跑跳攀爬（在青少年或成人，可能僅為不情願待在此情境中的主觀感受）。

4.常常不能安靜的玩遊戲或從事休閒活動。

5.常常處在「蓄勢待發」的狀態或是動起來像是有馬達驅動一樣。

6.話經常說得太多。

7.常常問題還沒聽完就衝口說出答案。

8.排隊等候常有困難。

9.經常打斷或打擾別人（例如：打斷別人的談話或進行的遊戲）。

以上是症狀行為的界定標準，但是 ADHD 兒童的診斷標準不只於此，還需考慮其它重要的因素，例如：

1. 至少有部分過動、衝動及注意力不足的症狀在七歲之前既已出現。

2.至少有部分症狀在兩個或兩個以上的不同情境皆會出現。

3.所表現出來的症狀必須造成明顯的社交、學業或工作上的損害。

4.必須和廣泛性發展障礙、精神分裂症、焦慮症、解離症、人格疾患等等作區辨。

　　宋維村醫師（1982）依據台大兒童心理衛生中心的個案，估計ADHD 的兒童盛行率為 5 ％。一般而言，兒童的 ADHD 盛行率約為 3～5 ％（American Psychiatric Association, 1994），而且，一般男童之盛行率高於女童，約為 2～8.3：1（McGee et al., 1985; Szatmari, Offord, & Boyle, 1989）。DSM-IV 推測男、女孩患者有ADHD 的比例為 4～9：1。台北榮民總醫院精神部的經驗顯示，青少年兒童心理衛生門診之 123 名個案中，男女比例約為 6.2：1（李鶯喬，1999）。無論如何，男童患有 ADHD 的比例都甚高於女童。

　　DSM-IV 將 ADHD 細分為：(1)混合型；(2)注意力缺陷型，以及(3)過動─衝動型。在 DSM-IV 所報導的田野研究中，過動─衝動型

僅占樣本極小部分，約只有 15 ％。其它文獻報告指出，過動－衝動型約占 7.3～21.3 ％，注意力缺陷型占 21.8～55.7 ％，混合型則占 23.1～64.6 ％（Gaub & Carlson, 1997; Morgan, Hynd, Riccio, & Hall, 1996; Wolraich, Hannah, Pinnock, Baumgaerrtal, & Brown, 1996），由於研究取樣之不同，因此分布比例也大不相同。但是，以臨床經驗而言，混合型所占比例較高，但以社區（學校）樣本而言，則以注意力缺陷型偏高，過動—衝動型則不論是在何種取樣研究中，均占最低的比例。

貳、不愛寫字的優優

　　記得優優的媽媽是打電話到實驗室找到我的，起初媽媽想要瞭解優優是否是個書寫困難的孩子，因為優優在寫功課時常常想了好久，都寫不出心裡想寫的那一個字。而且，非常排斥需要寫字的功課，尤其被老師處罰要求罰寫時，總是痛苦萬分。

　　優優、優優的弟弟、優優的媽媽一行三人依約，在中秋節前，南下到台中找我評量；因為電話中媽媽希望可以用測驗瞭解優優的書寫能力，所以我讓優優做了一些常用的閱讀理解篩選作業、書寫評量作業，以及數學學習困難篩選作業等等。

　　優優這時剛升上小學五年級，但個子不高，長得算斯文，留個貝克漢頭，戴上個眼鏡，看起來算時尚，典型的都市孩子。當從事口頭造詞作業時，優優顯得很不屑，一副瞧不起評量作業的樣子，嘴巴像含個魯蛋含糊的唸出答案，且半躺在電腦椅上轉啊轉、晃啊晃！遇到簡易的題目就不加思索，不耐煩的說出答案；遇到困擾的

題目也不加思索，想都不想就放棄說不知道。但是那張電腦椅從沒有休息過，還是不停地晃啊晃！

我心裡實在看不下去了，怎麼會一個已經小五的孩子，還不懂得體恤媽媽的苦心，不遠千里請了假帶著孩子來拜託教授幫忙。我板起臉，語氣嚴肅的告誡優優：「媽媽很辛苦的帶你來，是想知道你是不是學習上有困難，想要幫助你，所以你要認真表現，不要隨隨便便。」優優完全不懼怕我這個第一次見面的教授，只是淡淡地說：「我知道」。

那個不屑的表情伴著那張不停左右轉啊轉的椅子，一直持續到評量結束。我腦中開始回想起剛才一進實驗室那一幕，在我跟媽媽寒暄時，優優跟弟弟玩耍的情景。那時，優優不知為了什麼來回在長廊上奔走了幾趟，而小二的弟弟只是在旁笑著看哥哥的表演。後來優優帶著弟弟拿起實驗室牆上的動物造型磁鐵，在地上不停的鑽來鑽去，把地上的釘書針屑屑全部吸得乾乾淨淨，還拿給我看（我第一次發現實驗室地上有這麼多釘書針）。

「這是您孩子第一次到陌生情境的反應嗎？」我邊想著，邊拿

了一份簡易的注意力缺陷／過動症篩選量表給在實驗室外頭等待的媽媽。很快，我心裡的疑惑解開了。媽媽在繳回量表的同時，告訴我，優優之前已經在馬階醫院被診斷為注意力缺陷型的過動兒；可是，量表分數顯示優優也有不少過動／衝動的症狀，只是稍微低於篩選分數門檻一些而已。

　　所有的評量工具完成後，優優的魏氏智力分數是 112，可見，他是個聰明的孩子，與他接觸過的人或多或少都可以感受到這點。優優在實驗室做智力評量時，一旁觀看的大一心理系學生還直嘀咕著說：「他是天才嗎？」因為他們不知道我為什麼要評量這孩子的智力，而有些題目優優答得很好，他們以為優優是因為太聰明才接受評量。其實，國內《特殊教育法》界定魏氏智力分數要達 122.5 以上，才能稱得上是資優。另外一方面，優優的閱讀理解能力不差，也喜歡閱讀，但書寫能力就比一般人差多了。如圖 2-1 所示，當被要求看注音寫國字時，他的字很潦草，且有時會出現「部件」不見，或整個簡單的字寫不出來的現象。研究指出約 25 ％至 40 ％的過動兒，至少會伴隨著一種學習障礙，如數學、閱讀或寫字

（Carroll & Ponterotto, 1998; Jackson & Farrugia, 1997）。他們都自認很努力，但是，不知怎麼搞的，有時就是寫不出來，記不起來那個字，所寫的國字常會出現左右部首顛倒、同音異字或漏筆劃的現象。而優優就是寫不出來或寫個相似的字、常漏筆劃等等。

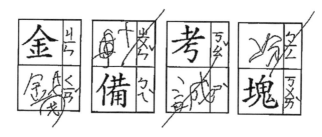

圖 2-1　優優剛升上五年級時的寫字表現

一、書寫困難轉向注意力缺陷過動症

　　優優第二次來實驗室時，我便開始跟優優的媽媽討論孩子過動與注意力缺陷的現象，因為他的書寫困難可能是注意力缺陷所造成的，然而目前學者大都只知道這兩者的相關性，還不十分清楚它們之間的因果性。就在與優優的媽媽交換過動的教養心得時，有兩個優優克服症狀的方法很值得與大家分享。

　　抽牌遊戲。過動兒常常寫起功課來拖拖拉拉，總是要媽媽不斷提醒、不斷教導，才能勉強完成功課，但那時通常已經是晚上十一、二點了。優優每次面對聯絡簿上的好多項作業，就會顯得心煩，不知如何著手。因為優優平時愛玩撲克牌，所以，有回媽媽便拿起撲克牌洗一洗（牌）要優優抽一張，如果抽到數字二，就寫聯絡簿上的第二項功課，寫完了再抽下一張牌；如果抽到數字一，就再寫聯絡簿上的第一項功課，如此依序下去，優優就可以如期完成功課了。有時，優優不想自己抽牌就會叫弟弟來抽，由弟弟的手來決定自己的命運。

　　很多研究已經指出，過動兒的「執行功能」（註1）有所障礙，他們在「啟動」及「終止」一項行動上有所困難，以致無法在行動間做轉換。例如：要他們依自己的意願將不同的卡片依其圖形的顏色、數量、形狀加以分類（威斯康辛卡片分類測驗）（註2），他們需要思考、計劃的時間會比一般人長。但是，一旦他們決定好分類原則之後，他們也很難改變，會一直根據此分類原則不斷地將卡片分類下去，很難形成其它新的分類方式。因此，優優媽媽找到一個

讓優優做功課行為「啟動」的方法。在這個方法中，是「命運」啟動了行為，且轉換了行為，有趣的是此決定是來自命運，不是自己，因此他們很願意接受外在這樣的指令（來自不可反駁的上帝旨意），心甘情願地啟動做功課。而且，這是個操作性的遊戲，是過動兒的最愛。

聽耳機做功課。還有一個方法可以讓優優在寫家庭作業時，少點拖拖拉拉，少點心不甘情不願，可增加效率。媽媽用帶點發現新大陸的語氣告訴我：「最近優優帶耳機邊聽音樂邊做功課，竟可以很快就把功課做完。之前他爸爸都不准他聽音樂，因為怕他不專心；可是，有一天他自己拿來聽，卻可以自己把功課做完。」

其實，讓過動兒「聽音樂做功課」這項策略在國外是常見的教養策略之一。其中原理很簡單，因為部分的心理學家認為ADHD兒童具有較高的刺激閾值（high stimulation threshold）（Zentall & Zentall, 1976, 1983），因此，他們需要不斷從事肢體活動，尋求刺激，使得體內的生理喚醒水準（arousal level）高過所需的閾值，才能感到舒服，得到平靜。所以，當他們必須靜下來寫功課時，會感

到不舒服，因為生理活動水準低於閾值，因此，他們需要伸手觸摸（觸覺）其它物品來提高生理喚醒水準，但這種方式常不被學校老師允許而遭受處罰。其實，他們也可以藉由耳朵（聽覺）聆聽音樂來提高生理喚醒水準，只要高過閾值，就會得到心理上的平靜。

二、負向的自我

　　生活上，媽媽眼裡的優優是聰明、很有想法和主見的孩子，但這不知道該算是他的優點還是缺點。優優有回被老師處罰，放學後留在學校寫功課，他竟直嚷嚷：「為什麼校長說，不可以放學後留學生下來，為什麼老師還這麼做？」又有回被罰打掃廁所，別班同學都不管他正在打掃，接二連三的使用廁所，害他一直沒有辦法打掃完。他很生氣的跑去報告別班的老師，要求老師要禁止自己班的同學不可以到廁所去。結果，反而被他班老師訓斥一頓：「廁所是大家的，又不是你的。」更慘的是，回到自己班上報告自己的級任老師，結果同樣被臭罵了一頓。優優好氣、好沮喪，「為什麼大家都不聽他說？」媽媽說，他好像已經被老師認定是壞學生了。

對此，我真的好遺憾，因為研究早已指出，過動兒因為長期被不理解的老師及同學誤解，很容易被標籤為壞學生。更不幸的是，孩子本身自高年級後，也會開始形成負向的自我概念，認為自己是個有問題、很奇怪的小孩、老師不愛的問題學生，什麼事都做不好。於是，進而衍生出對人生氣餒的想法，嚴重者會伴隨憂鬱症狀，如想自殺、拒學等。我真的很擔心又有一個孩子如研究報告所預期地那般走上這條路。

從優優在學校的例子，也可以看到優優的「人際溝通技巧」不怎麼好。我兒子（同樣就讀五年級）看到我在寫這個故事時，在旁出主意說：「為什麼他不叫大家尿在同一個地方，就好了？」

「你會這樣跟同學說喔！同學會聽你的嗎？」我有點驚訝的問，我以為一般國小學生都會跟優優一樣反應。

「會啊！大家都會聽啊！為什麼不會？」反而是我兒子疑惑的問我。

可能是因為過動兒的用詞或語氣都比較直接，聽起來像是命令或指責式的口吻，使得同學的接受度不高。所以，家長們得仔細的

教他們該怎麼說比較適當。

　　此外，為了不讓過動兒形成負面的自我概念，我們希望孩子的優點可以被彰顯、被欣賞、被讚賞。於是，我希望媽媽可以注意到「優優的優點是什麼？」優優的媽媽跟一般過動兒的媽媽一樣，頓了一下！想了一想，才說優優對美食很有興趣，很清楚所吃過的每一道菜是加了什麼才會有這番味道。又說，優優很會創造遊戲的新玩法，很有創意，單單是撲克牌就可以有很多玩法，很得弟弟歡心，是弟弟的偶像。「可是，這些又不是學校重視的事。」媽媽還是感嘆的說。

　　確實，過動兒就是一群跟傳統教育方式及社會期望格格不入的人，他們無法適應學校很制式、呆板的學習方式，無法乖乖坐在位子上聽話地上課，他們喜歡「動」，或動手操作，或身體走動，就是不愛「靜」。他們勇敢、不怕危險，適合衝鋒陷陣，所以適合當軍人、外勤警察、廚師等等一般人覺得很累或危險的工作；他們好動、很多點子，也適合當演藝人員，可是，他們就是不適合乖乖坐著上課或長大後當總機小姐等等。因此，我強力建議教學者應該順

著過動兒的性子，教育他或馴服他。如果優優不愛寫字、抄寫，就不要罰他寫太多行，可罰以勞動的方式取代之或搭配之，例如：幫忙老師發作業、擦黑板、到行政辦公室幫老師影印等，舉凡可以伸展肢體，又可成為老師小幫手得到同學認同的工作都可。如果要分配他打掃廁所也可以，但請老師不要把「掃廁所」塑造成眾所睥睨的工作，而是人人都需輪流做的一般工作，只是現在優優被懲罰所以必須多做，以避免影響孩子的自尊。

　　一年後，我詢問優優的近況，優優的媽媽愉悅的表示：「優優現在在新的學校（優優轉學了）過得很好，學校老師比較能接受這樣的孩子，雖然優優還是有寫字方面的問題，可是，至少他每天都是快樂的去上學。」

註１：執行功能（Executive Function）是指個人專心於目前所做的事，以完成某項既定目標的能力。它主要包括控制衝動以維持注意力的能力及彈性變化以達目標的能力。所以，完好的執行功能不僅可以使我們應用技能，還能自我監控。因此，如果執行功能發生障礙，會有以下幾種行為表現：(1)啟動（initiation）困難，如自發性行動減少；(2)固著（persever-ation），如行為或意念轉換困難；(3)行為控制困難，如衝動、無法抑制無關訊息；(4)缺乏自覺，如無法瞭解在社交情境中該扮演的角色，或是無法辨識自己行為上的錯誤；(5)無法理解抽象的刺激與情境、沒有計劃及維持目標導向的行為能力（Lezak, 1995）。

註２：威斯康辛卡片分類測驗（Wisconsin Card Sorting Test, WCST）是最常用來測量執行功能的神經心理測驗之一。它包括四張刺激卡，一百二十八張反應卡，其中包括三種不同的概念：顏色、形狀、數目。施測程序是先將四張刺激卡依序

放在受試者面前（分別是一個紅色三角形、兩個綠色星形、三個黃色十字和四個藍色圓圈）；然後受試者必須依序將一百二十八張反應卡分類排列在刺激卡之後。在施測過程中主試者只對個案的反應做出對或不對的回應，不提供其它線索，受試者必須藉由主試者所提供的訊息來形成正確的概念並完成測驗。因此個案必須擁有足夠的認知彈性、利用環境回饋的能力、行為偵測的能力及良好的衝動控制的能力，才能順利完成概念形成與轉換（Heaton, Chelune, Talley, Kay, & Curtiss, 1993）。如果執行功能損壞，則會在此測驗上表現出無法依主試者的回饋變更分類，而呈現不斷延續原來的分類方式，此即為固著反應（perservative responses）。

參、我兒子是不是過動兒？

　　一開始是誠誠的阿姨打電話詢問我，想瞭解她的姪子是不是過動兒，因為熱心的阿姨找了一些過動兒相關的書籍，覺得誠誠的問題跟過動兒一樣，沒辦法靜下來好好完成功課，都是要媽媽三催四請才會去做。

　　後來，實驗室便來了誠誠、誠誠的妹妹、誠誠的媽媽和阿姨。之前我已經給媽媽兩份干擾量表（常用於初篩 ADHD 兒童的評量表），一份媽媽填寫，另一份給學校老師填寫。結果，媽媽所填出來的分數只有達臨床臨界分數，而學校老師的評量分數則在臨界分數之下；可見，在初步的客觀評量下，誠誠並沒有達到診斷的基本要求，即父母及學校老師都一致認為孩子沒有明顯的注意力缺陷及過動症狀。

那為什麼現在誠誠在實驗室還是動個不停？誠誠一進我的實驗室，連正眼跟我打招呼都沒有，就一股腦兒往電腦前坐下，接二連三的打開電腦桌面上的遊戲捷徑，如入無人之境，不斷玩各種遊戲給妹妹看，妹妹則很安靜的在旁聽他哥哥滔滔不絕的解說。一般人看過誠誠的樣子，都會覺得他很過動，甚至沒有禮貌。

「喂！不要隨便玩人家東西！」媽媽如同一般的媽媽吆喝著誠誠。

「沒關係啦！讓他玩！」

「我是怕他弄壞你的電腦。」媽媽還是覺得不好意思。

不管現在誠誠的表現為何，其實那不會是過動症狀的核心特徵。因為只要是頑皮、外向的孩子，都會一進我辦公室便亂玩我的電腦。於是，我直接了當的問：「媽媽！現在誠誠最讓你覺得困擾的事是什麼？」

「他靜不下來，常在寫功課時很容易隨手拿東西來玩，就忘了寫功課。安親班老師也說他隨便一個東西，像一個橡皮擦的屑屑，都可以拿來玩，一直搓，搓很久。然後，他也很容易分心，注意力

會分散掉。不像其他小朋友可以很認真的寫功課。」

「在家裡，八點回到家後，問他還有什麼功課沒寫要記得寫，他就說『好』，可是，他回到房間就跟妹妹一直玩，然後一拖就到十一、二點。」

「要一直叫他、叮嚀他，不然，他就會一直玩。」

其實，誠誠在小學一年級下學期時，已經到過精神科門診接受診斷，雖然，醫師也覺得他是有過動的行為，但不是過動兒。只是，現在五年級了，仍然無法專心做功課。那誠誠在更小的時候（如幼稚園），會不會吃飯坐不住、不午睡等等？

「他小時候，帶他出去外面吃飯，別人都會稱讚說：『這孩子真乖，這麼小就坐得住。』」誠誠媽媽很認真的說。而且，誠誠媽媽一直強調，誠誠小時候是個很「沒膽」的小孩。

理論上，ADHD患者的症狀在一出生時便應具有，然而在幼幼班或是幼稚園階段，由於上課形式較活潑自由，加上三、四歲的孩子在發展上本是不斷探索的階段，自然會表現出許多類似過動及注意力不足的症狀出現。因此，幼幼班及幼稚園階段的孩子很不容易

界定是否為過動兒。但是，與同年齡孩童相較，仍有一些行為特徵可為參考，例如：幼稚園階段的 ADHD 兒童，常會因盲目的玩耍方式或行為而容易受傷；會有「很不好管」或「行為上有問題」之類的教師評語等等（註1及註2）。

可是，誠誠在學齡前似乎都沒有這些症狀。那為什麼現在誠誠無論在哪兒，都顯得無法靜下來，會動個不停？

「你爸爸會不會打你。」我開始探討其它可能的因素。

「會。」誠誠毫不考慮就回答了。

「都怎麼打你？」

「用三角架（曬衣架）。」

「都是為什麼事情打你？」

「沒有達到他的標準就會被打。」

「他的標準是什麼？」

「拜託！他又沒有什麼標準。他都要求很快，他每次都要我一次就要改過來，可是我又不能馬上就改過來……。」

誠誠覺得每個人都可以慢慢改，可是爸爸打他時都是說：「你

每次都這樣，都已經講過了，你怎麼還是改不過來。」

後來，我將誠誠被爸爸打的事轉告誠誠媽媽，媽媽竟說先生打誠誠是從小打到大。因為，先生自己從小在眷村長大，也常常被父母打，家族的管教方式只有一個——小孩不乖就是要打；而且，「他爸爸說如果誠誠打不乖，表示夠厲害」，要加倍打，打到聽話為止。可是，父母親，您們會慢慢發現，「打」再多也不會改善多少孩子的問題行為。

「先生脾氣很硬，勸不動，他已經是身體不好了，叫他不要喝酒，他都不聽別人講，自己想做什麼就做什麼，不會聽別人的，甚至還會罵人。」誠誠的媽媽不斷透露出，自己也無法勸先生不再那樣打小孩。

「那你喜不喜歡妹妹？」

「不喜歡。」

「你不喜歡妹妹喔？為什麼？」

「她每次『叫』，我就會遭殃。每次她叫，爸爸就會過來罵我、打我！有一次阿姨送我的泰迪熊被她拿走，我去拿回來，她就

大叫，結果爸爸就打我。家裡有個妹妹麻煩很多。」

「你好可憐喔！」

「你生活上還有沒有討厭的人？」

「有，很討厭同學。」

「為什麼？」

「大家都討厭我。」

「你在班上都沒有好朋友喔？」

「我的好朋友都在別班（五年四班）。」因為升五年級，剛分班，誠誠還在適應班上的次文化；但是，適應得似乎不怎麼好。

「班上同學都把責任推給我，明明不是我做的，就說是我做的。」

此外，誠誠在班上還因為背唐詩背不完，不能下課，被老師罰留在教室繼續背。誠誠說：「四句的唐詩，小 case，我背得起來，八句的，我就背不起來。」

但是，誠誠的在校成績並不會很不好，國文九十九分、自然八十八分、社會七十二分、數學六十幾。數學考得似乎差了一些，可

是，誠誠強調這是因為考題太難的關係，六十幾分已經是班上排第四、第五了。而且，誠誠非常喜歡看課外讀物，只可惜媽媽都不帶他去借書或到書店看。還好，誠誠還有另外一個志願，就是長大後想當廚師，因為聽說可以賺很多錢。

綜合而言，誠誠在家庭及學校都有一些令其情緒困擾的因素，然而無法獲得父母的愛可能是造成他問題行為的關鍵。而且，誠誠的媽媽也表示，在她的印象中，自從她生完妹妹坐完月子回來後，誠誠就好像變了一個人。現在，加上與父親、妹妹間的三角關係很緊張，誠誠是有充分的理由感到不安的。而且他的問題行為，只限於無法專心完成家庭作業而已，並不是全面性展現在各個情境中；在班上結構化的情境下沒有多大的行為問題，反而是在較輕鬆的課輔班及家中，才會有明顯不專心的行為。所以，誠誠的問題行為很可能來自其他因素。

註Ｉ：ADHD 患者於幼兒期的特徵

在幼兒期時，通常不會有太明顯的症狀，而是會有一些特定的活動型態，當然不能只靠這種現象來判斷孩童是否患有 ADHD。而是到了學齡時期，如被懷疑患有 ADHD，則過去幼兒期的種種行為，可有效幫助醫師進行診斷。幼兒期的症狀包含：

1. 喝奶時不太會吸吮，或在喝奶的過程中哭鬧，需要以少量多餐方式餵奶。

2. 睡眠時間非常短，或即使入睡亦常醒來。

3. 常常哭鬧或感到煩躁，會有坐立不安的感覺。

4. 過度的吸吮手指或撞頭、往前後方向搖擺身體。

5. 等到會爬行時，不斷的四處亂爬。

6. 日常生活非常不規律，像睡眠與喝奶等。

7. 大小便訓練非常困難。

註2：ADHD 患者於學齡前（三至五歲）的特徵

三至五歲的兒童有高活動率是很正常的一件事，所以他們表現出注意力不足與衝動是很常見的現象。因此，在這個發展階段要分辨是一般或 ADHD 兒童非常困難。加上幼稚園是以遊戲為主的學習環境，因此除非進行特別觀察，否則不容易區分出正常及異常行為。但是如果症狀十分明顯，已經干擾到其認知功能的發展或語言的學習時，還是可以藉由比較同年齡兒童的發展程度來加以診斷。

通常，到了五至六歲左右開始，問題會逐漸一一浮現。後來被認為患有 ADHD 的兒童，大部分都會顯現出如下的型態。但是，這些現象亦可能因憂鬱、不安、躁症及其它情緒障礙等因素所引起，因此需特別留意，而這些因素的區分就是專業人員，如臨床心理師，可以提供協助的地方。

1.與同年齡層或兄弟間的打架次數頻繁。

2.有時在無特別原因的情況下，會有非常憤怒的傾向。

3.部分 ADHD 兒童具有高攻擊性。

4. 因盲目的玩耍方式或行為而容易受傷。

5. 整體而言，活動量大，不太喜歡聽從爸爸、媽媽或老師的話。

6. 對與其他小朋友同享玩具或依順序等待感到困難，或常常擅自去搶別人的東西。

7. 無法完成有結構性或有訂定目標的活動，如塗顏色、畫圖、遊戲等。

8. 會有「很不好管」或「行為上有問題」等的老師評語。

9. 雖然大肌肉運動技能發展正常（如跑步等），但在語言能力、畫圖、使用剪刀等，對要求協調性的小肌肉活動則較落後。

10. 也可能持續有幼兒睡眠問題（睡眠中時常醒來，不規則的睡眠習慣）。

11. 注意力集中時間比其他兒童短，而且容易散漫。

肆、「啦嗎唑」男孩

　　二○○七年，我有機會到台中縣某個較靠近山區的小學服務，我的任務是提供特教方面的諮詢、測驗評估等工作，所以主要是服務特教班的學生。我很喜歡這個工作，因為我可以到偏遠地區，貢獻所學，實踐理念；再加上，這個學校的特教老師，個個都很有愛心，對特教非常熱忱，令我相當欣慰，不致在來回的這條路上感到孤寂。

　　當我瀏覽過所有班上的學生資料後，瞭解到班上的孩子大都是被診斷為中度智能不足；可是，較特別的是其中幾位伴有過動症狀的孩子，他們每天都服用「利他能」（Retalin）。這是目前台灣用於治療過動兒的第一線藥物，所以，利他能不只有過動兒服用，甚至以前我有個大學學生因受邊緣型人格症候群困擾，無法專心讀書，他的精神科醫師也開給他利他能。

　　級任老師說，這幾位伴有過動症狀的孩子，每天早上八點半左

右會服用利他能，服用後孩子的表現就差很多，會變得較不過動、不喧鬧。這次的服務機會讓我看到智能不足及過動症狀同在一個孩子身上的樣子。

但是，較特別的是，其中有個孩子，在服用完利他能後，仍然表現出不少注意力不足、過動等症狀，例如：「上課時不看著老師聽講」、「雖然坐在座位上，但不斷地伸手觸摸鄰座同學，與同學在座位上打鬧或起小爭執」、「嘴巴唸唸有詞」、「一直用雙手手指比著手槍的手勢，自己玩了起來」等；可見，利他能的效果仍然有限。

有一回，老師要求大家抄寫常用人體器官的字詞（嘴巴、耳朵、眼睛等），這孩子卻仍然在台下與鄰座同學不斷起小爭執，而其他同學早已完成此項抄寫作業。我只好站在他的旁邊，不斷糾正他的行為，不斷強行把他的手擺回作業上，不斷口頭要求他寫作業，結果他拗不過我，便開始抄寫，且在不斷口頭要求下，愈抄愈快，隨即完成。但是，很有趣的是，他在抄寫的同時，口裡卻會不斷喃喃自語，一直重複說「啦嗎喀……我要啦嗎喀……」之類的

話，我原以為這是他過動症狀的表現，因為此時，他的身體必須坐定，手必須寫字，唯一可以活動的器官只剩下嘴巴可以說話了。所以，他才會不斷喃喃自語。

之前我已經提過：部分的心理學家認為 ADHD 兒童的生理喚醒閾值（arousal level threshold）較一般人高，因此，他們需要不斷從事肢體活動，尋求刺激，使得身體的喚醒水準高過所需的閾值，才能感到舒服，得到平靜。這也說明了利他能的作用，因為利他能是一種屬於中樞神經興奮劑的藥物，可以讓他們生理上感到興奮。

但是，過了幾個禮拜，我對這個不斷唸著「啦嗎哐」的孩子，卻有了不同的見解。因為這一回他脾氣更拗了，他不僅不跟同學一起參與「坐公車」的課堂學習，甚至表現出「重複偏執的行為」（註1），也就是他執意要把椅子搬回原來的位置，即使老師不准，他仍不聽，執意要求搬回原位置。因為這節課，老師希望讓孩子感受一下坐公車的情景，重新安排同學坐成像公車一樣的座位，扮演上下車的遊戲。但是他就是不配合，堅持要將自己的椅子拖回原來的位置，可是原來的位置已經被別的同學占領，於是他與老師就僵持在

走道上。一個低著頭拖著椅子的男孩跟一個不斷指示他「回去！回去那個位置！」的懷孕老師，對峙在走道上。可見，他非常固守他習慣的座位，不讓老師換，即使被換了，也堅持要回到他的位置上去。

就在這僵持的情境下，他又開始不斷重複說著他的「啦嗎咥」，這是他另一個偏執行為，邊說邊把玩手上的小賽車，嘴巴喃喃說著：「啦嗎咥，要啦嗎咥。」可是老師這時還是指示他要回到指定的位置上去，但他就是不聽，不能接受指示，最後還把小賽車折成兩半。後來他被帶到教室外頭訓誡一番，直到下課鐘響，才結束這場師生對峙。

可是，他不會因此就跟老師有芥蒂。到了中午吃飯時，他又拿著一張白紙走到老師桌前，要老師畫「啦嗎咥」給他。

「不要，你會一直叫我畫。」老師好無奈，因為上次說好畫一張，可是他就是不守信用，硬是要再畫一張，最後總共幫他畫了五張。

「你幫我畫啦！」「你幫我畫啦！」他還是繼續央求著。

「你自己會畫，你自己畫。」老師好可憐，一邊吃飯，還要一邊安撫他。

「你幫我畫啦！你如果不幫我畫，我就把紙撕掉！」這回換他生氣了！想到威脅老師。

「好啊！你撕啊！」老師好壞，欺負孩子的不聰明。

「不要啦！你幫我畫啦！」他態度竟然一百八十度大轉變，從原來的威脅變得可憐兮兮，哀求了起來，惹得一旁的我們哈哈大笑。

「不要啦！你幫我畫啦！」他還是繼續哀求著，好可憐。

圖 4-1 就是他畫的「啦嗎哐」，「啦嗎哐」指的是混凝土車，是民間業者通俗的說法，他還說爸爸在（紙）上面工作，指著一堆石頭輸送帶的位置。

「你爸爸開『啦嗎哐』嗎？」我不禁好奇的問。

「不是，爸爸騎摩托車。」他很快的回答我。

幾次經驗後，我發現他每次說話都很順，但語調很平坦，沒有

圖 4-1　「啦嗎哐」及它的工作場景。您找到「啦嗎哐」了嗎？

34

明顯的高低起伏，不仔細聽，聽不出來他說什麼。而且，他不太會跟我有眼神交會，總是頭稍微低低地向前看，沒有正眼看過我。後來，當我對他進行評量時，他的眼神不斷閃躲，不曾看過我的眼睛，當偶爾對上時，又馬上閃過到別的地方去，如此來來回回，非常不定性。

之後每次的到校服務，都可以聽到他說著「啦嗎哐」，尤其中午吃飯休息的空檔，他會要張白紙畫「啦嗎哐」。我開始覺得，「啦嗎哐」可以讓他得到心中的平靜。於是他在我心中有了另一個名字──「啦嗎哐男孩」。

又有一次，老師在黑板貼上 11 到 20 的數字，教大家認識 10 以上的數字，結果啦嗎哐男孩對「14」這個數字特別感興趣，當同學被要求上台用鎚子敲打老師口說的數字時，他卻一直說：「14 是我的……14 是我的……。」一副不要別人用鎚子敲打數字 14 的樣子。當輪到他上台時，他就站在 14 前面，一直等待老師口說 14 的數字，惹得老師、教助員和我哈哈大笑。當老師真的出「14」的考題時，他可是非常迅速精確的敲住數字 14，更好笑的是他怎麼都不

讓一起上台的同學敲打數字 14。這其實也是常見於自閉症的行為特徵，與「啦嗎唪」一樣，屬「特殊興趣」。當改教 21 到 30 的數字時，他就沒有這些特殊興趣了。

這些行為讓我想起第一次到校服務時，特教老師曾告訴我，他會表現出一些自閉症的行為。當天，我只看到他上課不專心、比著手槍手勢自玩自的，而這些是一般孩子常見的行為，無論是學習障礙、過動兒、一般不愛上課的低年級同學等都可能會表現的行為，我便不以為意，向老師表示必須再觀察，或用自閉症兒童篩選量表，評估看看。

但幾次服務下來，我開始可以理解特教老師的觀察心得，他確實表示出很多項自閉症的症狀行為。其中，最明顯的就是，當他被要求做他當下不想做的事，或是他想要做的事被阻止時，他就會一直碎碎唸「啦嗎唪」相關的事情，而且「啦嗎唪」是他最喜歡的東西，他最愛畫「啦嗎唪」。我在另一所小學看過一位高功能自閉症孩子，她每回遇到事與願違時，就會背頌出一連串的英文句子，同學就會察覺到她很怪。後來，她媽媽告訴我，她最喜歡上英文課。

　　其實他也具有自閉症最核心的行為特徵——他似乎沒有以他人立場思考的能力。所以當老師不幫他畫「啦嗎唭」時，他竟威脅老師要把紙撕掉；他不知道以老師的立場（不愛畫啦嗎唭），是不會在乎他把紙撕掉的。這就是所謂的自閉症沒有「心智理論」^{（註2）}。我在台中市的愛心家園也看過一個自閉兒，有回老師跟所有的小朋友說，如果你們要吃餅乾，餅乾就放在高高的櫃子上，你們指著它告訴老師就可以了。結果，我有一天經過那個有櫃子的房間門口，就看到一個男孩站在櫃子前，用手直指著高高的櫃子，一動也不動，而四下一個人都沒有，看了真令人心疼，不知道他已經在那兒站了多久。這就是所謂的自閉症沒有發展出一般人對世界的「心智理論」。那個男孩不知道當旁邊沒有老師時，不管你怎麼指著櫃子，也沒有人會開櫃子拿餅乾給你吃。值得一提的是，即使是智能不足的孩子也比同心智年齡的自閉症兒童早具「心智理論」。

　　如果以行為特徵區分，自閉症者有以下的三大行為特徵^{（註3）}：⑴人際關係障礙；⑵語言和溝通障礙；⑶行為同一性。而這個喜歡「啦嗎唭」的男孩，他的行為特徵都包括在以上三大個行為特徵

內。

此外，「啦嗎喳男孩」服用完利他能之後，按學理而言，他生理喚醒水準已經足夠達到閾值，可減少他不斷尋求與外界的身體觸碰行為，可是他依然不由自主的觸碰鄰座同學，偷摸一下同學的臉頰、用手肘碰撞同學的手肘等等，這可能已經不是過動行為了，可能是他喜歡肌膚接觸的那種感覺。就好像有些自閉症患者一見陌生人就喜歡撫摸他的頭髮，在陌生人身上磨蹭等。

從「啦嗎喳男孩」身上，讓我們理解到智能不足的孩子，也有可能伴隨注意力缺陷過動症，甚至更正確的說，他應該是自閉症。其實，自閉症有很高的比例（80～90％）伴隨智能不足，也有部分會伴有注意力缺陷過動症；臨床經驗也指出自閉症者在兒時被誤判的可能性，比其它類兒童精神疾患來得高。我們因此也較能體會特殊兒童的診斷都需要主要照顧者或級任老師的觀察，因為他們是長期與孩子相處的人，所以，醫師們，請您多聽聽家長的意見！

在我最後一次到校服務時，我買了一台大「啦嗎喳」玩具車送給這個「啦嗎喳男孩」，謝謝他讓我站在巨人的肩膀上。

註 I：重複偏執的行為指的是以持守固有習慣來降低焦慮。由於社交及溝通阻礙，自閉症兒童往往無法應付日常生活環境的挑戰，因而常常處於強烈焦慮不安的情緒之中。重複偏執的行為是自閉症兒童掌握安全感及控制感的途徑，能幫助他們應付焦慮。若照顧者強行制止孩子重複偏執的行為或興趣，會令孩子的焦慮感劇增，引發難以收拾的情緒反應。台灣學者稱之為「行為同一性」。

註 2：「心智理論」（theory of mind）。心理學家認為兒童自出生後，會逐漸發展出一套有系統的「心智理論」，這套「心智理論」是兒童預測他人行為的主要依據之一。心理學家認為這套「心智理論」非常類似於科學家所建構的科學理論（Gopnik, 1993），因為它們都是用來預測他人行為。雖然兒童的「心智理論」沒有像科學理論一樣嚴謹與完整，但他們會隨著經驗的增加逐漸修正其「心智理論」，就如同科學家會隨著新證據的出現而修正其理論一樣。許多研究證明大部分的自

閉症兒童在瞭解他人的「心」上，有所困難；相反的，相同心理年齡的智障兒童卻不會有這個問題，因為對別人內心的感受與想法的瞭解似乎是自閉症兒童的一大障礙。心理學家認為，自閉症兒童並未形成一套可以協助他們瞭解他人的「心智理論」，所以他們無法與他人進行良好的溝通及互動；語言的發展也因而受到極大的限制。

當然，也有學者反對這種看法，因為有一部分相當高功能的自閉症兒童可以通過「心智理論」的測驗，再者，自閉症在三歲以前就可以被診斷出來；但兒童的「心智理論」卻要到四歲以後才能發展出來（四歲以前的兒童可能有更原始的「心智理論」協助他們瞭解、預測他人行為）。雖然「心智理論」可以合理的說明，自閉症者在社會互動與溝通上的行為特徵，卻難以解釋其刻板的行為型態、狹窄的興趣範圍、僵化的行事風格及拙劣的動作模仿能力。因此有學者開始研究自閉症者的「執行功能」，以彌補「心智理論」的不足（Ozonoff, 1995）。

註 3：自閉症的特徵，表現在三方面：(1)人際關係障礙：自閉症患者缺乏學習認識自己與他人的關係及基本社交應對的能力，因此表現出不理人、不看人、對人缺少反應，無法和小朋友一起玩耍，難以體會別人的情緒和感受，不會以一般人能接受的方法表達自己的情感等多方面的困難；(2)語言和溝通障礙：約有 50％的自閉症兒童沒有溝通性的語言；有語言的自閉症兒童，也常表現出鸚鵡式的仿說、代名詞反轉、聲調缺乏變化、答非所問的情形。對於非口語的肢體語言之理解，同樣有不同程度的困難；(3)行為同一性：自閉症的兒童常有一些奇特的固定習慣或玩法，如出門走一定的路線，走路時手摸牆壁前進、玩法單調、反覆缺乏變化，抗拒任何改變。

伍、轉個彎，路變平坦

　　想著兒子（絃）已然長大成熟的臉龐，過動症協會的一個家長實在不願回首來時路，一度不願再談兒子患有 ADHD 的過去，多希望可以不用再度面對它，甚至希望它不存在！我想這也是大部分的媽媽在走過這段艱辛路之後的普遍感想吧！

　　過動兒的媽媽辛苦了大半輩子，那段每天要跟學校老師打交道，不斷擔心孩子今天在學校又會闖什麼禍，不斷要跟老師、家長道歉的日子，一旦過去了，誰又願意再去回想它。即便偶爾想起，那揪心之痛，令人不寒而慄。再者，如果孩子走過這條路，變得「正常」了，誰又希望一輩子帶著這個「標籤」──過動兒呢？所以，絃的媽媽向我表示：「如何在保護協會的孩子和協助更多的孩子中取得平衡點，是個煎熬，希望您能瞭解一個母親的心情。」

　　「我已看清一個事實，只要我在協會一天，孩子就不可避免於要曝光的命運。人生的每段歷程相信對他們都是有用的，如何將這

歷程變成助力而非阻力，才是我在乎的。也許如您說的：『這段過去（惡名）反而會成為他的光榮史（美名），一個克服障礙的人。』」

這是當我希望，她提供協會孩子的成長過程與所有的父母分享時，她的掙扎；在此特別感謝她的袒開胸懷。

和一般的過動兒一樣，絃從幼稚園起就有很多問題行為，特別是絃很愛哭，可以哭上一整天，「最後，我們就只能給他一瓶礦泉水，讓他一直哭，不然，怎麼辦？」媽媽感慨的說，「絃讀幼稚園兩個月後，不知怎麼，只要聽到『上學』兩個字就非常惶恐，會一直哭。後來，絃轉到另一個較開放的幼稚園，情況就好了一些。」

小學時，絃基本上是一個一到學校就脫掉鞋子、襪子，打著赤腳滿校跑的男孩子。上課從來不會把課本拿出來，只顧著剪貼；有一次老師禁止他上課剪貼，他手拿剪刀生氣的對著老師說：「我要殺死你。」如果發考試卷，則是高興時才寫，不高興時怎麼逼也沒用。絃會對「公平」的標準過分執著，而影響到他的人際關係。

當鬧情緒時，他可以大聲地哭上好幾個小時，不僅前後左右鄰座的同學全遭殃，老師也無法上課，就連學校的輔導老師也都落荒而逃，對他是一點辦法也沒有。一直到了小學三年級的時候，才到醫院診斷出為 ADHD，絃的媽媽才開始瞭解這個疾病。

一、該轉彎了

一切的改變開始於小學高年級之後，這個有嚴重情緒障礙的男孩被送到一個特殊的學校──大津融合中小學實驗班就讀。

「為什麼會送他去融合學校？其實只是單純的害怕以當時他的情況（常與人起衝突），如果繼續下去，到了國中，『不是他錯手打死人，就是被人打死』，他需要一個安全的環境來緩和情緒。」因為，絃之前很容易因同學挑釁或老師處理不公而勃然大怒，攻擊別人。所以，媽媽希望兒子可以在一個安全的（沒有嘲笑、排擠、辱罵）的環境中長大，有健全人格，過著快樂、自信、自在的生活。

「大津融合中小學」是個實驗性的學校，一個標榜自主學習、

正常與特殊兒童融合教育的學校，由一群有理想的家長及師院教授所創立，由高雄縣政府教育局籌劃，公辦民營的學校。絃在大津終日和大自然為伍，且在以學生為主體的教育角度下，情緒得以宣洩，漸趨平穩。在大津，沒有課業壓力，上午是基本學科課程，下午則都是活動課程，而且課程是可以自己選擇的。但是，絃下午通常是完全不選課，都在教室外活動，自逛自的。

在大津的時候，絃被全校師生公認是自然知識方面最豐富的小男孩，老師還在校刊上介紹他的事蹟來標榜他，不論是校內或校外的動植物，他大概都知道。有一次，他還從校外找到一條蛇蛻（聽說是「臭青母」，長度超過一公尺），當時令全校師生大開眼界。媽媽很欣慰的表示：「絃的自信心增強了，每天以發亮的眼神訴說著學校的趣事，因為，他對於昆蟲、植物的辨識能力大為提昇，儼如小專家。」

此外，學校在生活管理方面，老師與學生是平等的，沒有太多的規定要遵守，校規是由自治會中全校師生共同訂定，有爭執時可以在「法庭」上公開被討論，每個人都可以發表自己的觀點。因為

大津有這樣的好制度，媽媽非常欣慰的表示：「絃的表達能力大增，從一開始不知道如何為自己辯解，只會委屈哭鬧，到最後可以侃侃而談。」大概在大津待了兩、三年後，絃開始有了變化。

這點是非常重要的，值得學校老師及家長留意，尤其是班級導師在處理過動學生與同學間的爭執時，一定要讓這些孩子有發表意見，為自己辯護的機會，這樣他們的情緒才得以宣洩。我已經不止一次聽到過動兒向我訴苦，學校老師對他們是如何的「不公平」；過動兒似乎對「公平」的要求很堅持，一點都沒有轉圜的餘地，那般據理力爭的氣勢有時確實令人討厭。但是，如果你不讓他們以自己的角度發表意見，到最後，他們什麼都不願意說了，因為「反正，說了也沒用。」所以，請大家花點時間，放慢腳步，傾聽他們的聲音，你不見得要接受，但請讓他們說說，發洩一下心中的憤怒。

二、路平坦了

在兒子的情緒逐漸穩定之後，為了讓兒子不要與社會脫節，絃

的媽媽開始準備將兒子回歸到一般的國中，開始學習面對現實社會。大約花了半年做準備，與兒子溝通，補救落後的功課，且先選擇國中資源班就讀。很幸運的，經大仁國中的好老師、輔導老師耐心的教導，第三週絃很快就可以回歸普通班了。「在家，只需在旁稍加輔導，絃已經可以自我學習，對自己也有一定的期許。」當然，媽媽特別強調她對絃的功課期望是很寬鬆的。

絃國三時就讀技職班，高職讀公立的農工學校（因為絃有學障證明，升學考試分數可有部分的加分），現在讀的是南部某國立科技大學園藝系，這些都可以提供不少操作性的課程，滿足過動學生「動」的需求，例如：現在讀的科技大學有合作實習的果園，可以去果園種荔枝、玉米等等。過動兒最需要的就是可以有「動」的機會，如果可以「動」，可以獲得刺激，心裡就會覺得舒服，就會心情好，就會減少與人爭執，也減少分心的機會，就可以「乖」。英國首相邱吉爾小時候被形容是全校最頑皮的學生，後來，被送去軍校後，一切學習行為就正常了，因為軍校有不少課程是需要操作或戶外活動的課程，ADHD 患者可滿足「動」的需求。

所以，在無聊的課堂上，過動兒喜歡邊上課，邊用手玩弄東西。絃在國中時，有段時期常在上課時邊聽課，邊用作業紙摺出很複雜的人物及動物造型的摺紙作品，如圖 5-1 及圖 5-2 所示，這也是常見於 ADHD 患者的優勢能力——視空間的操作能力，家長可以多鼓勵且開發之。

圖 5-1　絃國中時的摺紙作品——翼手龍

圖 5-2　絃國中時的摺紙作品——機器人

在教養絃的過程中，絃的媽媽強調：「在課業與情緒之間，我選擇了先解決情緒，放棄功課。沒想到安撫了情緒，學習能力也一併加強，讓我覺得為達目的，不一定要直線行走，轉個彎，路或許會變平坦。書上說：『教育就如同在河邊堆砌石頭——堆高，塌掉；再堆高，再塌掉……』。現在的情況是堆高的，不知哪天會再

50

塌掉，不過我會隨著孩子的成長腳步不斷改變方式，持久不斷的將石頭慢慢地堆高。」這點非常值得各位爸爸媽媽們參考。絃的主要改變是，媽媽及學校老師願意以開放的心態面對他，而不是以要求問題孩子要中規中矩、要遵守學校所有規範的態度面對他。ADHD兒童是該遵守必要的規矩，如學習定時吃飯、睡覺、對人有禮貌等，但並非所有的規矩，是可以依他們的特性而調整的，例如：學習時必須乖乖坐著、必須以書寫方式繳交作業等學習方式。如此一來，老師與父母都輕鬆。

現在的絃像是好了，已經沒有任何注意力缺陷或過動、衝動的問題了，也跟一般大專生一樣會在上課時睡覺、蹺課等。同學們都不覺得他有任何異常的地方，甚至驚訝絃曾經是個過動兒。但是，媽媽偷偷告訴我，她覺得絃仍保有一些小動作，仍然會習慣性小捉弄別人一下（但這點不是 ADHD 兒童或成人的診斷標準之一）。在我眼裡，絃只像一般普通的大學生，頂多仍保有一個常見於過動兒的「桀敖」氣質，一副跩樣，對人愛理不理。每當我問他一些需自省的問題時，他一時無法回答或不願回答時，都是以「你問我，

我問誰」的語氣回應我。其實，這是過動兒的講話習慣，很直，想

什麼就講什麼，不考慮情境、對象。

陸、我要報告，
請「安靜」！

　　如如，現在正就讀二年制技術學院，成績在班上排名前五名。從小父母便覺得如如常常表現出念書不專心、忘東忘西等現象。然而，由於家人認為這些行為只是如如本身的個性使然，長大後便會好轉，加上並沒有「注意力缺陷過動症」的相關概念，所以如如幼年時並未就醫；直到就讀二技期間，才由具相關概念的同學察覺，到某一醫院中心接受評估，診斷為注意力不足型 ADHD（註1），也就是如如的主要問題是來自注意力缺陷，而過動及衝動的行為則很少。得知自己的病因之後，如如便開始按時服用利他能，用來改善她容易分心、無法專心的問題。

　　之所以遇見如如，是因為我想做一個關於 ADHD 患者就學過程中，課業學習策略的研究（李宏鎰，2007），目的是為了瞭解

ADHD兒童的求學困擾及因應策略。但是，ADHD患者能進入大專就讀的比例非常少（註2），如如是其中少數之一。於是，我利用訪談方式，詢問如如兩個大問題：

　　1. 請分別敘述妳在不同階段的求學過程中（包括國小、國中、五專、二技），在課業學習上的主要問題（困擾）為何？

　　2. 妳曾經採用何種應對方式？效果如何？請用實際的例子說明之。

　　為了提高研究資料的可靠性，我也簡單訪問一位如如就讀五專時的室友（二年級起開始與如如同寢），關於如如就讀時上課學習及課後複習時的行為表現情形。主要的發現如下。

一、注意力不足之症狀

（一）持續性注意力不足

　　舉凡表現出「持續性注意力困難」、「無法完成一件事」、「逃避需持續性努力的工作」的症狀，都是指持續性注意力較差。所以，由表 6-1 可知，如如無論在哪個求學階段，都覺得「功課太

表 6-1　如如在不同求學階段下的「持續性注意力」困難

階段	ADHD 典型症狀──持續性注意力
國小	「功課太多寫不完。」
國中	「數學計算太慢，考試常常寫不完。」 「題目太長時，會沒有耐心，懶得看或是漏字。」 「寫字寫太久會變得很煩躁，愈煩躁就會寫愈醜，也愈沒耐心做答。」 「講義、課本和習作太多，消化不了（最多的科目有十本以上）。」 「每天最少都會考五科，最多考過八科。」 「回家看書看到一、兩點，也不夠準備這麼多科。……」
五專	「因為拖拖拉拉，影響之後的進度，作業就會遲交。」 「她（如如）的作業都是拖到最後才交。」（室友） 「枯燥的課文，會沒耐心看或是根本不碰。」 「常常看到她在摳手指甲，……有時叫她，她都不知道。……筆掉了也不知道。」（室友） 「她不喜歡的科目就成績不好，喜歡的科目就很好。」（室友）
二技	（沒有相關敘述）

註：「沒有相關敘述」指的是，如如的第一階段訪談資料中，沒有提到相關的事件。為了避免引導之嫌，此部分並不在第二階段的訪談中追問之。

多，無法完成」。而且，隨著年級增加，被要求以論述的方式作答，以及閱讀冗長題目的機會都不斷增加，這使得如如愈不可能完成作業。尤其在台灣的教育制度下，國中階段的科目及需背誦的內容會驟增，這使如如倍感壓力；因此，持續性注意力不足所造成的學習困擾，在國中階段特別多。

（二）選擇性注意力不足

　　舉凡表現出「不注意聆聽」（無法專心）、「無法仔細注意細節」、「被外在刺激所分心」的症狀，都是指選擇性注意力較差。所以同樣的，表 6-2 亦顯示，如如的選擇性注意力缺陷症狀一直持續到大專階段。無論在哪個求學階段，如如都表現極易受同學、老師、自己（其它想法）或外物的干擾而分心；較特別的是五專之後，考試形式多了口頭報告，此特別需要動用選擇性注意力，因為在報告的同時，必須排除老師或同學的聲音干擾。「無法仔細注意細節」的症狀亦出現在每個求學階段，此容易造成考試失敗。

（三）過動／衝動──分配注意力不足

　　就晤談內容分析而言，如如並沒有陳述此方面的問題。也就是，如如並沒有時常表現出：⑴在課堂上，當老師發問時，時常未聽完問題便搶答，或是未經思考便脫口說出自以為是的答案；⑵在課堂上，時常打斷老師的講課，或與同學討論時常打斷同學的話；⑶在需要排隊的教學活動上，如戶外的體育課或室內的合作學習課上，表現出插隊或不願等待的情形等諸如此類的過動／衝動行為。

表 6-2　如如在不同求學階段下的「選擇性注意力」困難

階段	ADHD 典型症狀──選擇性注意力
國小	「……因為漏字而誤解題目的意思。」 「座位如果被調到最後面或窗戶邊，桌椅也變成小組方式（六個一組），就會跟同學說話，傳紙條或是發呆，沒辦法專心上課。」 「國語聽寫常常……發呆沒聽到。」 「課本畫了插圖（自己畫的），讓我看不清楚課文內容。」
國中	「國中要背的科目，通常都只記得大概，細節完全不記得，所以考試常常錯一樣的題目。」 「常忘記帶課本，跟同學借，又不能寫筆記、劃重點，就乾脆發呆。」
五專	「看書時易受干擾。」 「她有時早上早起看書時，我們晚點起床之後，就會有聽廣播或洗臉、刷牙的聲音，她會要求我們小聲點。」（室友） 「口試或報告時，常常思考中斷，或受干擾而忘記要說的內容。」 「有些老師愛在考試時講話或宣布事情，常因此分心。結果思緒亂掉，宣布的事情也沒聽到。」 「看書只看大標題，細節常常跳過。」 「考試若用劃卡時，常常填錯格或是漏填，造成後面全錯。」 「常常忘記或帶錯課本，就會不知道老師上課上什麼。」 「她常會問我們明天的課要帶什麼，可是常會問了好幾次。……有時也會向我們借課本。」（室友） 「練習聽力時，常常因為發呆而漏聽幾題；甚至整大題都有可能。」
二技	「沒辦法專心上課。」 「因為不能專心念書而生氣、沮喪……。」 「上課內容如果讓我聯想到有趣的東西，思緒就會跑出去，再也回不來了。」 「筆記的字跡太亂、插圖一堆，讓我想複習都難。」

因此再次確認，如如是相當典型的注意力不足型之ADHD（未伴隨過動／衝動）。

二、注意力不足症狀之因應策略

針對以上的注意力缺陷問題，如如提出了幾項有效及無效的因應策略。

（一）就改善持續性注意力而言

如表 6-3 所示，為了讓自己有效的完成一件事，如如從國中階段起，就開始發展自己的一套策略。如如知道「題目太長，先看最後一句」、「先寫擅長的」，或是從事相關且較有趣的學習活動，

表 6-3　如如在不同求學階段下的「持續性注意力」困難及因應效果

階段	「持續性注意力」因應策略
國小	家人督促要求，不斷練習。（有效） 抄同學或自修的答案。（無效，將減少練習機會） 座位安排在教室後面。（無效，易發呆）
國中	「題目太長先看最後一句，……有時候……只看最後一句就可以知道問題，……但是如果看最後一句還是無法瞭解題目什麼的時候，就只好乖乖的從頭看，沒耐心的問題當然還是存在。」（部分有效） 「數學計算太慢，先寫擅長的……。」（有效）
五專	「把無聊的東西，拼湊成有趣的故事或圖案。」（有效）

以維持持續性注意力，例如：「找課本的例題，推論計算方法」；再者，「旁人的協助」也可以促使如如維持住注意力，小學由母親在旁叮嚀，國中時則由小班教學的補習型教師擔任此角色。

（二）就改善選擇性注意力而言

如表 6-4 所示，如如知道自己易受雜音所干擾，因此，如如會「創造一個較少干擾的環境」，如上台報告時，請同學不要發出任何聲音，或請老師不要在考試時宣布事情等。然而，有時過分的無干擾環境反而會讓如如發呆，例如：「用棉被把自己隔離起來，或是把書桌的東西清空，減少了干擾我的東西，但是卻沒有辦法阻止我自己不要發呆。」所以，一個同時可以避免干擾，又不會過於無趣的學習環境，才是增進 ADHD 患者選擇性注意力最好的方式。

當然，除此之外，藥物在改善注意力上也有明顯的效果。如如表示，在就讀二技之後開始服藥，無論是持續性及選擇性注意力都可獲得改善。

表 6-4　如如在不同求學階段下的「選擇性注意力」困難及因應效果

階段	「選擇性注意力」因應策略
國小	座位安排在窗戶邊。（無效，易分心） 「媽媽曾要求我考完試要驗算、檢查（以避免因為錯字、整大題漏看，或是沒寫名字而被扣分），但是我從來沒執行過。」（無效）
國中	「去補習，人數少（五至七人），發呆容易被發現，所以就減少了發呆的機會……。」（有效）
五專	「因為易受干擾，曾經拿棉被把自己的書桌隔離起來（寢室是床在上面，書桌在下面，所以就把棉被從床上垂下來）。」（無效，易發呆） 「我看過她用棉被把自己包起來，但是沒有用，後來就沒做了。」（室友） 「看書喜歡東摸西摸，就把書桌東西全部清空。」（無效，易發呆） 「考試時，如果老師宣布事情，先不聽，下課再問同學，效果不好，因為還是會被干擾，而且如果宣布的事情和考試有關，就沒聽到了。」（無效，仍受干擾） 「上課不專心時，某些科目（統計或會計），會找課本的例題，推論計算方法，這個方法，解決了我上課不專心的問題，但並不是每一科都適用。」（部分有效） 「口頭報告時，常常會因為同學掉筆，或是有其他聲音而思緒亂掉，請同學不要出聲，通常同學們都會很樂意配合。」（有效） 「劃卡時，用尺或考卷把每一題隔開看，可避免看錯、劃錯。」（有效） 「常常因為情緒起伏太大，而影響念書的心情，也很難專心，後來我發現一大早起來，念書效果最好，因為剛睡醒所以沒有太多的興奮或沮喪，所以可以比較專心的念書，效果比晚上看書好一百倍，但是只要一吃完早餐或是中斷和被干擾，就會馬上失效。」（有效）
二技	「跟同學互問，可以知道自己又漏了哪些細節，也可以重複思考一次，最重要的是可以說話而且一分心馬上就會被抓包。」（有效） 「筆記很亂……的問題，在服藥之後就改善了。」（有效）

三、其它認知能力不足之症狀

除了上述典型的 ADHD 症狀以外，如如也敘述了不少非 DSM-IV 上所列舉的症狀行為。我個人認為這非常重要，因為它們同樣是如如深感困擾的學習經驗，可能也常為其他 ADHD 兒童或成人所見。

我將這些行為依它們所動用到的認知能力，細分出「組織事物能力」、「工作記憶」及「文字輸出能力」等三個認知類別。其中的組織事物能力（Organization of Materials）指的是，可以用有系統的方式整理事物、工作或遊戲空間。工作記憶（Working Memory）是指個體在心理保存訊息的能力，這些訊息可用於引導個體現在或稍後的行動，以達原來活動的目標。再者，文字輸出能力（Word Production）指的是個體有效的將所聽到、想到或看到的文字，轉譯成口頭語言或書面文字等表達文字的能力，此主要動用到「形—音」對應（spelling-sound correspondence）能力。

（一）組織事物能力不足的症狀

這症狀在如如每個求學階段都展現出來，且呈現形式上的變化，如表 6-5 所示，諸如：「每個字都看得懂，卻不知道整句話到底要問什麼」；「寫作文時，有很多想法，卻很難把每個點連起來」；「筆記太亂」等。同樣的，可看到不同的求學階段對組織事物能力有不同形式的要求，低年級時必須組織「字句」以理解文章段落，高年級時必須組織概念、想法以「作文」，大專時必須組織所聽所見以作「筆記」，以應付考試。

（二）工作記憶方面的問題

這問題亦是隨著求學階段的不同而有所不同，如表 6-6 所示。小學及國中時如如常在數學考試上「常常計算正確，但答案選錯。」到了專科，由於如如就讀的是應用外語科，數學課減少了，增加的是單字的背誦，因此工作記憶上的困難顯現在英文單字的背誦上。如如自覺單字量跟同學差太多，無法有效背起單字。

（三）文字輸出方面的問題

如如一直以來都無法有效地將所想所聽的，用說用寫的方式表

表 6-5　如如在不同求學階段下的「組織事物」困難及因應效果

階段	「組織事物」困難
國小	「看題目時，考卷上每個字我都看得懂，但是卻不知道整句話到底要問我什麼……。」
國中	「寫作文時，常常有很多想法，卻很難把每個點連起來……。」
五專	「上課筆記太亂，連自己都看不懂自己抄什麼。」 「她的筆記很亂，會向我們借筆記，然後再自己整理，就整理得很好。」（室友） 「內容都理解，也可以用淺顯的方式和簡單的例子教同學，但是考試時，同學往往考得比我好；還曾經因為教同學，結果同學分數是全班最高分，但我卻被當。」 「她會計、統計比較好，我們會問她。……英文、日文她比較不好……。」（室友）
二技	「筆記的字跡太亂、插圖一堆，讓我想複習都難。」 「腦中有很多零散的概念，但是要把一個個零散的概念組織起來卻相當困難。例如：期末考前要看書，才發現所有概念我都懂，也都瞭解，但是寫不出來也說不明白，但是如果有人說給我聽或是用選擇題，我卻可以指出所有的錯誤。可惜考的是申論題，而不是選擇題。」

表 6-6　如如在不同求學階段下的「工作記憶」困難及因應效果

階段	「工作記憶」困難
國小	「數學算式列對、答案算錯，或是答案對，但是寫『答：』時，抄錯或單位寫錯。」
國中	「數學……常常計算正確，但答案選錯。」
五專	「一個單字可以背很久，怎麼背都背不起來。」 「她背單字的能力最不好。」（室友） 「常常忘記或帶錯課本，就會不知道老師上課上什麼。」

達出來,如表 6-7 所示;但是五專之後較常發生的,是無法將所想的字詞說出來,而寫出來則漸漸不成問題。例如:小學時常有聽寫或國字注音考試,常無法有效的寫出字來,有時寫出同音錯字,有時只寫出部分正確的字。到了五專,則是上台報告時,常說不出所想表達的字詞,但是可以將之寫出來。

　　針對以上注意力除外的認知缺陷,如如也提出了幾項有效或無效的因應策略,如表 6-8 所示。其中,針對組織事物能力上的不足,如如提出了不少有效的因應策略。小學高年級開始,如如便可

表 6-7 如如在不同求學階段下的「文字輸出」困難及因應效果

階段	「文字輸出」困難
國小	「國語聽寫常常誤解題目(例如:『囂張』寫成『銷贓』;『取暖』寫成『取卵』)。」 「考國字注音時,常常忘記字的樣子,或是只記得一小部分,就自己造字。」
國中	「……常常因為忘記一個字就想很久,等到想起來時,卻忘了本來的想法。」
五專	「(上台)報告時,腦中有字的樣子,卻叫不出字的音。」
二技	「有時與同學聊天時,常會講不出所想要說的字,例如:腦中有『證書』,可是講不出來,會講出相近的詞,如『聘書』,可是又知道不是所想的……。」

表 6-8 「組織事物」策略成效

階段	「組織事物」的策略成效
國小	「四年級之前的每一次月考前，媽媽都會幫我複習，要求我做習作，所以成績大都可以保持在前五名，……。」（有效） 「五、六年級的課程開始有一些難度，媽媽也沒有幫我複習，只好自己拿習作，……找同類型題目之間共同點。這個方法效果不錯，例如：數學的應用題，題目有『共』字，就用加法；有『剩』、『相差』就用減法；『平均』就是除法。……國字：楊、揚、傷……等字的注音有『尢』，因此『日』下面要有一橫；相反的沒有『尢』的字，就不用加，例如：易。」（有效）
國中	「寫作文時，先把所有想法寫出來再一一組織，效果不錯，可以減少因為忘記而重新回憶的時間，但偶爾還是會因為不知道如何組織而卡住。」（部分有效） 「考理化時，想課本的圖會讓我知道實驗步驟或是內容，但常常只記得圖，而不記得內容和文字的部分，所以效果有限。」（部分有效）
五專	「筆記太亂跟同學借，只要適應了同學的筆跡，其實這個方法還不錯。」（有效） 「把上課內容編成故事或應用到生活裡，加深記憶。像我常把要背的成語拿來編成一段話，跟同學開玩笑，例如：我為了『金榜題名』不惜『懸梁刺骨』，可惜這個寢室真的是『鮑魚之肆』，一堆小人干擾我念書，你們真的是『罪大惡極』且『罪不容誅』，來人啊！拖下去砍了。……這樣不只可以念書還不會無聊。」（有效）
二技	「上課的筆記用畫圖代替文字……本來以為自己愛亂畫圖，就用畫圖記筆記，結果反而整節課都在畫不重要的東西。」（無效） 「把零散的概念打（字）出來，在組織的作用上等於沒作用，到最後還是無法把所有東西有系統的組織、架構起來。」（無效） 「跟生活做結合，例如：同學把『吃飯』誤講成『失飯』，我就會馬上想這就是替代音，效果很好，不容易忘記。」（有效） 「畫樹枝圖的方式……憑印象把知道的概念畫成類似書中的圖。如果老師的目的只是要知道學生有沒有瞭解，這個方法很好。但是如果老師要的是文字描述（像申論題），效果就沒那麼好。但是至少會比較清楚大概的架構，不至於零零散散的，而且不用寫也不用背很多字。」（部分有效）

以自行開始運用策略，如「找同類型題目之間的共同點」，到了專科階段更可以「把上課內容編成故事或應用到生活裡」及使用「畫樹枝圖的方式」等，這些都是增強組織事物能力的有效策略。當然也有不少無效的方法，例如：「將任何想到的點子都寫下來，但是，要將之組織起來又顯得困難。」因此，如果要有效的學習課文內容，最有效的策略應該是將所學內容用生活事件連結起來，其次有效的策略則是依一定的階層將所學內容組織起來。如圖6-1，如如所提供的學習筆記所示。其實，此即為一種視覺組織圖（Visual Organization Maps）（Oliver, Hecker, Klucken, & Westby, 2000）。

相對的，針對文字輸出及工作記憶的不足，如如提出很少的應對策略，尤其是對於文字輸出上的不足顯得較束手無策，如表6-9所示。如如在專科時，由於所修習是應用外語科，因此工作記憶上的困難顯現在英文單字的背誦上，如表6-10所示。為了背好單字，如如嘗試過「多重編碼」及「反覆學習」的方式，這些是常見增進工作記憶的方式，也達一定的效果。然而，對於常丟三落四的情形則束手無策。

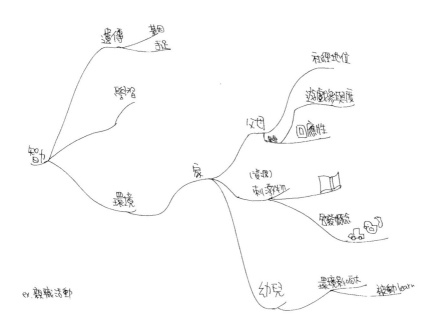

圖 6-1　如如所提供的「畫樹枝圖的方式」⑴

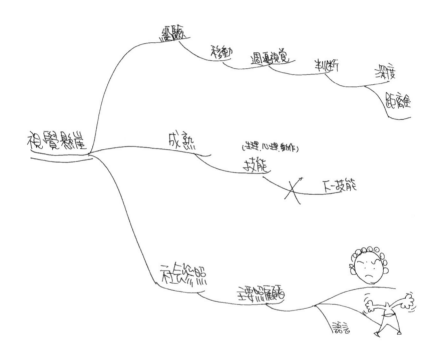

圖 6-1 如如所提供的「畫樹枝圖的方式」(2)

表 6-9 工作記憶的應付效果

階段	應對策略
國小	（沒有相關對策）
國中	（沒有相關對策）
五專	「曾經背單字背很久都背不起來，試了很多方法，用唸的往往不管用，拿紙筆邊寫邊背，效果還不錯。有幾次真的背不起來，記單字樣子、長相，考試時，我的頭腦裡就真的有單字的樣子浮現。」（多重編碼）（有效） 「因為故事書的單字重複性很高，而且不用背也可以記得樣子，所以曾經用這個方法增加單字量，效果還不錯，前題是必須有足夠的耐心去看。」（反覆學習）（部分有效） 「出門前，提醒自己該帶的東西，通常只能維持一、兩天，貼便條紙如果沒看到或是忘記看，效果其實等於零。」（無效，沒有養成習慣）
二技	（沒有相關對策）

註：「沒有相關對策」指的是如如無論在第一或第二階段的訪談中，都提不出相對的因應策略。

表 6-10 文字輸出的應付效果

階段	文字輸出困難的應對策略
國小	（沒有相關對策）
國中	（沒有相關對策）
五專	「有時候報告時（平常說話也會），腦子有某個字的樣子，卻叫不出音，例如：我的腦子有『開心』這兩個字的樣子，但是我卻唸不出音，我明確知道它不叫『快樂』，也不叫『高興』，但是就始終沒辦法想出這兩個字的音，曾經上台報告和口試時，把腦中的字寫下來，請同學或老師唸給我聽，不過看看老師的接受度如何。」（部分有效）
二技	（沒有相關對策）

註：「沒有相關對策」指的是如如無論在第一或第二階段的訪談中，都提不出相對的因應策略。

四、「如如」給我們的啟示

長久以來，我一直認為，既然至少有三分之一的 ADHD 兒童長大之後症狀會不見或獲得改善（註3），其中部分原因，一定是他們不知不覺的運用了一些策略，使得他們的 ADHD 症狀獲得控制進而隱藏起來，不被別人發現。因此，我想知道這些策略是什麼？如如便是一個我諮詢的對象。所以，有時候 ADHD 患者才是真正可以提供 ADHD 教養策略的人，因為他們最瞭解自己，而且每天都嘗試用各種策略來對付自己的問題行為，只是有時成功，有時失敗。而我們應該做的是，把這些成功與失敗的策略整理起來，分享給所有 ADHD 兒童，讓大家可以不再跌跌撞撞。以下就是如如可以分享給我們的一些好策略。

（一）課業學習策略

首先，就因應策略而言，隨著 ADHD 患者年級的增加，可由外在成人的協助轉為自我衍生的因應對策。在兒童時（尤其是低年級時），有父母及師長的督促，都可以有不錯的表現，例如：父母

督促功課、安排特定的座位，以及補習班老師個別指導等。但是，上了高年級之後，ADHD患者就必須慢慢學習自我規範，自行衍生策略，雖然這些策略不見得都有效。

以下分別列舉出在各個不同認知困難下，如如所提出之最有效因應策略：

1. 由於持續性注意力不足，ADHD 患者常無法讀完冗長的題目，或是完成一項平凡無趣的工作，因此最佳的策略是將作業分段進行，如先找出重點，或是拆解成各個部分，再逐項完成。

2. 由於選擇性注意力不足，ADHD患者常易被外物所干擾而分心，因此最佳的策略是創造一個可免於干擾又不會無趣的環境，如參與讀書會與同學討論功課。相反的，完全安靜的或極度吵鬧的環境都不行。

3. 由於執行功能方面之不足，ADHD患者常無法組織訊息以達目標，因此最佳的策略是將所學內容用生活事件連結組織起來。此外，藥物的效果主要表現在注意力的改善上（包括選

擇性及持續性注意力），對缺乏組織、工作記憶不足、文字轉譯不足等，則改變不明顯。

其實，針對 ADHD 成人的「注意力管理技巧」，Jackson 與 Far-rugia（1997）已建議以下幾項策略（其中便包括了如如所採用的策略）：

1. 幫助他們體認自己何時較容易注意困難，如與人交談時，何時較易錯失重要內容，然後他們只需要簡單的要求對方再說一次即可，不用感到尷尬。

2. 將繁重或無聊的工作細分成幾個較小或易處理的部分，避免工作過度負荷，如此亦可獲得較好的成就感。

3. 教導他們在最佳警覺狀態時，才做需要精細的工作，而且每隔一段時間要休息一下。

4. 創造一個安靜或結構化的工作環境，以避免干擾。

5. 練習分配注意力的能力，且發展因應的技巧。

6. 學習對所要處理的事項排定優先順序，即安排一份有組織且合理的計畫表。

（二）教師的教學策略

1. 不斷更新、不斷提醒的教學方式有助於提高 ADHD 患者的
   持續性與選擇性注意力

ADHD 患者因為選擇性注意力差，因此如果處於單調的環境中，容易發呆（可能是被自己的白日夢所分心）；但是如果處於充滿很多無關訊息的環境下，也會干擾而易分心。例如：如如表示在就讀五專時，「用棉被把自己隔離起來，或是把書桌的東西清空，減少了干擾我的東西，但是卻沒有辦法阻止我自己不要發呆。」所以，最好的方式是不斷呈現同一主題的訊息，但以變化的方式呈現之，如此才可吸引 ADHD 患者，不會讓他們無聊得想發呆，又不會讓他們注意無關訊號而分心。這也可以解釋，為何 ADHD 患者對電動玩具可以沉迷很久，因為它是同一主題，但不斷變化之（通常具有不同的關卡，要不斷挑戰之）。所以，過去專家，如Jackson 與 Farrugia（1997）只是建議「去創造一個安靜或結構化的工作環境，以避免干擾」，可能是不夠的。此外，選擇性注意力若改善了，導致不易分心或發呆，從事工作的時間便相對增長，持續性注

意力也就因而改善。

　　當然，父母或老師的不斷提醒，亦可不斷將 ADHD 患者的注意力引導回正在學習的材料，而不發呆（被自己的白日夢吸引）、不分心（被外在事物吸引）。然而，這只是輔助性質，如果ADHD患者要不斷接受高等教育，必須自行參與內容不斷更新且與之有互動的學習情境；因此，諸如主動與老師討論課程內容、與同學組成讀書會，以及使用有趣的教學軟體等，都是可行的學習方式之一。

　　2.評量方式的改變有助於真正評量到 ADHD 患者所學

　　由訪談資料中，還可以看到如如需要不同的評量方式。例如：由於如如組織事物能力差，較無法整合片段的訊息。

　　「內容都理解，也可以用淺顯的方式和簡單的例子教同學，但是考試時，同學往往考得比我好；還曾經因為教同學，結果同學分數是全班最高分，但我卻被當。」（五專）

　　「腦中有很多零散的概念，但是要把一個個零散的概念組織起來卻相當困難。例如：期末考前要看書，才發現所有概念我都懂，也都瞭解，但是寫不出來也說不明白，但是如果有人說給我聽或是

用選擇題，我卻可以指出所有的錯誤。可惜考的是申論題，而不是選擇題。」（五專）

因此，通常「申論題」會對 ADHD 患者比較不利，相對的，「選擇題」則較適合。再者，如如也表示就讀五專時，「考試若用劃卡時，常常填錯格或是漏填，造成後面全錯」，這可能是由於 ADHD 患者選擇性注意力不足使然。因此，用傳統的型態，在每題之前寫下選項答案的作答方式較適合。另外，如果改用口試或演說的方式，則 ADHD 患者易受雜音的干擾而分心。綜合而言，足夠的選擇題是較適合 ADHD 患者的考試題型。

註 1：注意力缺陷過動症（ADHD）分成三種亞型：過動—衝動型的 ADHD、注意力不足型的 ADHD 及複合型的 ADHD。其中，大部分的研究都是針對複合型的 ADHD，相對的，針對注意力不足型 ADHD 的研究則較少（Barkley & Murphy, 2006），本研究的如如即是此少數研究之注意力不足型 ADHD。

註 2：Barkley 與 Murphy（2006）指出，大部分的 ADHD 患者會在學校遭遇困難，30％至 50％的 ADHD 患者曾經留級一次，25％至 36％則從未完成高中學業。而只有 1％至 5％的 ADHD 學生得以進入大專（Jones, Kailvoda, & Higbee, 1997; Richard, 1995）。

註 3：ADHD 兒童的症狀曾一度被認為會隨著年齡的增長而消失，然而目前的資料顯示，約有三分之一至三分之二的 ADHD 兒童終其一生都伴有明顯的症狀（Wender, Wolf, & Wasserstein, 2001）。雖然，ADHD 的症狀會持續到成人的事實，在

1970 年代已為人所知，然而直到最近才在成人心理健康領域中廣為討論（Wender, Wolf, & Wasserstein, 2001）。

柒、他──來回醫院
與法院

　　這是一場讓人啼笑皆非的車禍，原本以為它是老天爺開眼後的恩賜。他的媽媽很感慨的告訴我，兒子在七個月前發生一場車禍，昏迷指數只有 4，有顱內出血的情況，左側身體受損包括：左眼視力變差、左手腳行動緩慢、語言理解力差（別人跟他說話必須講慢一點）。後來在醫療搶救下，他漸漸恢復意識，而且神奇的是，他對媽媽的態度有了一百八十度的轉換，變得體貼，嘴裡還會說著：「對不起媽媽」、「讓媽媽擔心」之類的話；媽媽感到好窩心，這個讓她頭痛擔憂了二十一年的兒子，終於在這場車禍中變乖、變好了。

　　可是，好景不常，老天爺又闔上眼了。隨著肢體復健的進行，他一天天的「康復」；但是，是一天天往過去那個令媽媽窒息的兒

子復原。媽媽說：「他每個星期都有新的面貌，都好像變一個人似的，而他過去的樣子又通通回來了。」過去的他，是個行為衝動、在家裡待不住、一直往外跑、意外不斷的人，甚至，是個充滿負向價值觀，常進出法院的人。自從國中畢業後，離家在外求學，便開始學會蹺課，成天與同學在外遊蕩。第一次進少年法院（高一時）是因為夥同友人偷摩托車，再來就是販毒、吸毒、偽造文書、詐騙取財、飆車……等等。可說是大過也有，小錯更是不斷的孩子。也因此，在求學這條路上他經歷過休學、被退學、轉學等等，國中畢業後換了兩、三所以上的學校，其中當過三個月的兵，一直到現在二十一歲了，仍然還在讀高中補校。

就在最近這場車禍後的就醫過程，媽媽看著他個性的轉變，跟醫生聊起過去兒子的行為表現，醫生才告訴她，兒子可能從小是個過動兒。

「從小他就很愛看電視和打電動。現在也是，不是看電視就是打電動，看電視的時候就一直換台。不然就是騎摩托車出去晃……。」

媽媽因為不瞭解過動兒，所以一直很疑惑的問我：「他很奇怪，好像都不怕危險。一般人如果發生重大車禍，應該會害怕再開車上路。可是，他現在走路還不穩，就急著說要買新車，要出去。」「跟人打架也是，明明被砍得很嚴重，縫了好多針，可是，他還是不怕，還是一樣不斷跟人有衝突。」其實，這就是過動兒的衝動症狀。

之後跟媽媽談了不少過動兒的症狀後，媽媽都非常確認他的兒子每項都有，但是，媽媽一直不解，為什麼國小一、二年級帶他去看醫生時，醫生只要她帶回去好好管教。現在調出過去的病歷，上頭也沒有記錄任何注意力缺陷過動症的事情。她好沮喪為什麼沒有人早點告訴她，她的兒子是過動兒。事實上，十多年前的台灣社會並不太認識及重視過動兒。

一、媽媽的苦

其實，她是個單親媽媽，因丈夫時常酗酒打她及孩子，所以在這個孩子出世前的一星期，她就與孩子的爸爸離婚了。大兒子（當

時三歲）跟爸爸，小兒子就跟著自己。大兒子沒有過動症狀，是個內向的人，可是老天爺也沒有眷顧他，因為從小在爸爸的暴力陰影下長大，前年終於自殺成功離開了。「他以前就自殺了好多次」，媽媽好像已經麻痺了，只有一絲的感慨：「我大兒子是個很孝順的孩子。」

跟媽媽晤談時，有時我會很急，甚至有點氣，因為媽媽實在太保護這個兒子了。媽媽說：「我跟老闆說，你只要聘用他就行了。薪水我會幫你發，你只要幫我轉交給他，不要讓他知道就好。」她就這樣幫兒子付薪水，讓兒子有工作。不知情的兒子，換工作時，竟然還會要求媽媽幫他找工作時，不要找便利商店的工作，因為那很無聊。所以，他做過便利商店店員、洗車工、加油站加油員等等工作，其中加油站加油員是他可以做得比較久的一項工作──三個月，其它工作都做不久，常一、兩天就不做了。

近七、八年來，媽媽為了他進入法院及醫院的事，不斷地幫他付罰金、保釋金、和解金、醫藥費等等，幾乎把掙來的錢都花在這個兒子上。

二、注意力缺陷過動症常伴隨的偏差行為

因為他的行為太過偏差，超乎一般過動兒可能的表現。媽媽不斷訴說他兒子的問題行為，我才開始浮現過動兒可能伴隨的精神疾患，如對立性疾患（Oppositional Defiant Disorder，簡稱ODD）（註1）、品行疾患（Conduct Disorder，簡稱 CD）（註2）、反社會性格疾患（Antisocial Personality Disorder）（註3）等等，這是我在台灣首見的典型個案。

ADHD的孩子有高達 65 ％伴隨ODD，即可能出現不順從、好爭辯、違抗指示……等行為。而且大部分有 ODD 的孩子，會發展成 CD。如果早期（十二歲前）即發生 CD 症狀，則是日後犯罪行為的重要預測因子。另外，ADHD 患者有 10～20 ％伴有反社會性格疾患，雖然如此，家長不用過於擔心。有研究指出，物質濫用、反社會行為，甚至犯罪行為，都是 ADHD 成人較為人所知的問題（Hechtman, Weiss, & Perlman, 1984）；然而，這些問題不是十分普及的現象，較可能僅見於某一類的 ADHD 患者之中，例如：

ADHD 兒童中具攻擊性之子群（aggressive subgroup），長大才較易表現出物質濫用和反社會行為（Claude & Firestone, 1995）。當然，這個故事裡的孩子是較不幸的例子。

「你跟他說話，他都聽不下去。有時，還會用一些扭曲的價值觀來反駁你。」

「他好像不是不能理解你的話，只是好像沒有聽進去。」

「他非常衝動，只要一有看不順心的地方，就有意見，甚至就動手。」

「之前都拿開山刀跟人家械鬥，三十幾個砍他一個……都有。」

「他很少為自己的事跟人家道歉，非常的自我，像活在自己的世界裡。」

「之前使用別人的名字申請手機，做霸王機，騙人家錢。」

「一不高興就罵三字經，直接叫著我名字罵。」

「國中時，常向我預支錢，說他這個月已經沒有錢可以吃飯了，很可憐。」

「醫生對他問診後出來告訴我說：『妳的這孩子很冷血。』」因為他向醫生表示他厭惡媽媽，不覺得媽媽很辛苦。

事實上他曾經當面跟媽媽講：「我真的很討厭你，討厭到想要打你。」之前也已經打過媽媽。

「今天在醫院走廊上，他竟然當眾對我大吼：『〇〇〇小姐（直呼媽媽的名字），妳不要那麼保護我，好不好？……』。」因為媽媽每次帶他去看精神科都要自己先進去跟醫師溝通完，再讓他進去。

詢問媽媽後，我發現他長久以來的行為，符合了量表上所有ODD 的列舉症狀，也符合了很多 CD 的列舉症狀，最後，反社會人格疾患的診斷症狀他也都符合；所以，他最近在醫院求診時，都是被視為是反社會人格疾患。也就是，反社會人格疾患具有高度的衝動性和攻擊性，常因偶然的衝動做出無計畫性的犯罪，又很少會吸取之前違紀後的教訓，導致不斷的進出監獄成為累犯。此外，亦常出現無法忍受失敗的挫折感，缺乏社會適應能力，以及無法正常穩定的工作等；這些常見於反社會人格疾患的行為特徵，都可在

「他」身上見到。

　　另外，媽媽已經表示她的先生時常酗酒毆打她和孩子，夫妻感情不和。媽媽說：「在我的記憶裡，我只記得和他吃過一次飯。他常常不在家，每天晚上都打扮得整整齊齊，帥帥的出門。因為，他爸爸有家族事業，所以他在家幫忙，不用出去找工作。但是，經常和我公公有衝突，相處得很不愉快。」

　　「我們分開後，就沒有再聯絡過了。最近一次見面，是在我大兒子的喪禮上。很讓我吃驚的是，他正眼都沒有看小兒子一眼，非常冷漠，那天我叫小兒子留手機號碼給他。可是，到現在他都沒有打過一通。怎麼會有人這樣？一般人如果有個從未見過的兒子，總是會想探問一下，知道近年來他是怎麼過的。可是，他看到小兒子的感覺比陌生人還陌生。」媽媽感到不可思議，又失望。

　　「你兒子長得像你先生嗎？」我很好奇，想知道遺傳發生了多少作用。

　　「他長得很像我先生，簡直是個翻版。這也是我感到困擾的地方，我都要常常告訴我自己，這是他，不是他爸爸。因為，實在太

像了，他長大後講話的樣子、動作等都很像，有時我會錯亂，因為我記得的也都是我前夫年輕時的樣子。」

「前年，我有個鄰居，突然認出我是誰家的媳婦。還告訴我，我前夫夥同朋友強暴人家，連報紙都有登。」媽媽已經開始意識到，兒子的偏差行為也跟他爸爸很像。

其實，反社會性格產生的原因包括：遺傳體質因素及發展學習因素。幼年喪失父母、父母缺少管教，或缺乏母愛、父親有反社會人格、父母的行為模式不一致或前後矛盾，以及兒童習慣以吸引他人注意的方式來滿足過多的需求等等，都有可能形成反社會人格。因此，「他」的情況也吻合了這些可能的原因。

三、有紀律有勞動的生活

媽媽好累、好害怕。一直問我：「這樣的孩子該怎麼辦？」「可以送他到療養院強行安置嗎？」媽媽已經找了一家療養院，院長表示可以收留他，但也表示一旦讓他服用院內的抗精神藥物之後，他可能會變得腦筋遲鈍、思考緩慢，應該就很難再出院，過一

般人的生活。

「政府對這樣的孩子都沒有相關的安置設施嗎?」

「我這樣做,對他會不會太殘忍?」

「可是,如果讓他出去,在社會上,可能對他或對別人都不好。」

媽媽連續兩次的電話諮詢都不斷重複問這些問題,她的內心是相當煎熬的,因為心底仍然希望有機會可以救她兒子的。

其實,媽媽希望將兒子安置在花蓮慈濟附近,離開高雄、離開他的狐群狗黨。但是,她害怕兒子反對,就告訴他:「我幫你去問過算命的,算命師說你這輩子的命運在花東,如果你要有好的發展必須去花東。」媽媽好用心,還想到用命理方式來說服兒子。

媽媽希望用過去同樣的方法,幫兒子在慈濟找個工作,也想安排兒子到慈濟當志工,甚至考慮自己也搬過去,在附近租個房子,就近看管。因為兒子已經聲明不要跟她住在一起。

什麼樣的工作適合過動成人?曾經有位女性過動成人告訴我,她的第一份工作是總機小姐,但是做不到幾個月就不做了,因為太

無聊了,「整天坐著,有時等了大半天都沒有一通電話,實在太無聊了。」後來,她換了一份工作,做的是模特兒幕後的服裝助理,也就是,當模特兒到後台換衣服時,趕快幫忙遞上所需的配件服飾等。這份緊張刺激的工作她就做得很久了。

我偶爾會詢問過動兒長大想做什麼?警察、廚師是常見的答案。這是可以理解的,因為它們的共同性就是,都是需要勞動的工作。由於注意力缺陷過動症患者有無窮的精力,坐不住,他們需要可以伸張四肢,所以,舉凡可以手動、腳動、身體動的工作都特別適合他們,也可以讓他們的症狀隱而不顯,包括:警察、廚師、外務員、運動員、演藝人員、軍人、汽修人員等等。

除了工作本身具勞動特性外,另一重要的特徵就是配合規律的作息,也就是,從早到晚,有明確的時間安排,特定的時間從事特定的事項,例如:早上八點做晨操,接著到大盤商批貨、點貨、分貨,再發送到各個簽約商家,收款、盤點等。這是因為過動症患者較沒有組織能力,所以最好從事非常具固定程序、組織顯明的工作內容。

　　媽媽說兒子曾經當過三個月的兵，而且原本很擔心的媽媽卻意外發現兒子在軍中適應得非常好。輔導長頻頻表示他在軍中表現不錯，細問之下，才知道輔導長常交待他出外勤，所以，他在軍中有很多機會可以勞動；再者，軍中具有相當規律的生活步調，他不用煩惱（計劃）何時該做什麼事、如何做。頑皮的英國首相邱吉爾也是被送到軍校後，才適得其所。

　　當然如果同時伴有反社會人格疾患，以上這些建議可能就有限了。目前實務工作者認為反社會人格是從小逐漸形成，除非在兒童、青少年早期就開始積極輔導教育，否則成人後想經由管訓，令其改變的可能性並不大。因為他們缺少吸取經驗、記取教訓的能力，也無羞恥心，不能體會到感受他人和自己的痛苦，所以監禁管訓的方法，很難改變其犯罪習性。只能順著自然病程的演變，直到四、五十歲以後，反社會人格特質才會逐漸減緩，進而消失。

註Ⅰ：對立性疾患（Oppositional Defiant Disorder），
亦有稱為反抗行為障礙。對立性疾患的定義如下：如果兒童經
常不聽話，甚至公然反抗老師或保育人員，就會造成人際關係
的破裂，甚而引發更嚴重的行為問題，如攻擊、自傷、哭鬧、
反社會等行為，使得學校課業的學習及日常生活功能，無法順
利進行。

根據《精神疾病診斷與統計手冊》（DSM-IV）的診斷標
準，反抗行為障礙是指故意和反抗的行為持續六個月以上，並
出現下列情況至少四種以上：

1.經常發脾氣。

2.經常與成人爭執。

3.經常公然反叛或不服從大人的要求或規定。

4.經常故意激怒或惹惱別人。

5.經常把自己的過失或不良行為歸咎於他人。

6.經常暴躁易怒。

7.經常生氣或表現憎恨的態度。

8. 經常懷恨或有報復的心理。

反抗行為障礙的處理技術，包括：

1. 透過關係建立的技巧，建立良好關係，引導進行雙向溝通，並探討人際關係的原則。

2. 運用行為管理的技術，常用反應代價、過度矯正、隔離或暫停增強等方法，減少對立反抗的行為；並用正增強培養合作互動的行為。

3. 下達明確的指令前，先引起學生注意，使其正確瞭解內容和期望。指令要清晰明確、不嘮叨，並給予完成工作的合理時間。

4. 下達適宜的指令後，要認真有效的執行指令，並運用行為後果管理的原則，培養孩子負責的行為。

5. 實施親職教育，溝通父母教養孩子的觀念，避免下達含糊的、重複的指令和爭辯，避免不必要的責問、威脅和發脾氣，以減少激發反抗行為的情境。

　　註2：品行疾患（Conduct Disorder），是一種好發於兒童及青少年時期的行為問題，其基本特質是侵害他人基本權益或違反與其年齡相稱的主要社會標準或規範的一種重複而持續的行為模式。它的行為模式主要有四大群：(1)攻擊性行為，造成或威脅他人或動物的身體傷害；(2)非攻擊性行為，造成財產損失或破壞；(3)詐欺或偷竊；(4)嚴重違反規範。依據初發年齡，可將品行疾患分成兒童初發型及青春期初發型兩個亞型。DSM-IV 對品行疾患的診斷標準如下：

　　過去一年，下列行為出現三種以上，或是過去的六個月中，出現一種以上：

　　1.攻擊他人或動物。

　　2.破壞財產。

　　3.詐欺或偷竊。

　　4.嚴重違反規範：

　　　(1)經常不顧父母禁止，夜間在外遊蕩，且在十三歲之前
　　　　即開始。

(2)住在父母家中或監護人家中時，至少兩次逃家在外過

夜（或僅一次，但相當長時間未返家）。

(3)常逃學，十三歲前即開始。

註3：反社會性格疾患（Antisocial Personality Dis-

order），指的是對他人權益不尊重及有侵犯的模式，且此模式

開始於兒童期或青春期早期，一直延續進入成年期。也就是，

反社會性格的人，不接受社會規範限制，任意做心裡想做的

事，毫無社會意識，缺乏道德感。通常症狀在青少年期已覺

察，持續到成年期，之後其影響逐漸減弱。盛行率的研究指出

反社會人格疾患的發病率，男性約 3 ％，女性約 1 ％。其診斷

重點如下：

1.十五歲開始，對於他人權益不尊重及侵犯的廣泛模式表

現出下列各項中的三項：

(1)不能符合社會一般規範對守法的要求，表現在一再做

出會被逮捕的行為。

(2)狡詐虛偽，表現在一再說謊，使用化名，或為自己的利益或娛樂而欺騙愚弄他人。

(3)做事衝動或不能事先計劃。

(4)易怒且好攻擊，表現在一再打架或攻擊他人身體。

(5)行事魯莽，無視自己或他人的安全（像超速駕車）。

(6)長久的無責任感，表現在一再無法維持長久的工作或信守財物上的承諾（亂開空頭支票）。

(7)缺乏良心自責，表現於對傷害、虐待他人或偷竊他人財物都覺得無所謂，或將其合理化。

2.個案目前年齡至少十八歲。

3.證據顯示個案十五歲以前為品行疾患（CD）的患者。

4.反社會行為非僅發生於精神分裂症或躁狂發作的病程中。

捌、想再去讀大學
的柯媽媽

　　柯媽媽是個很特殊的例子，她是因為當年帶小學一年級的女兒去看醫師，除了女兒被診斷為過動兒之外，同時也發現自己應該也是個過動兒。因為醫師在為女兒診斷時，談到的注意力缺陷及過動衝動症狀，在她自己身上也都可以找到。更有趣的是，柯媽媽便開始跟著女兒一起吃藥，一起參加醫院及高雄市注意力缺陷過動症協會所安排的很多課程，自己變得很開朗、有自信，而且可以專心學習。每回電話中跟柯媽媽談話都可以一直感受她的熱情，那種語帶沙啞、帶點江湖味、滔滔不絕的嗓音，讓人印象深刻。其實，這是柯媽媽現在仍保留的明顯症狀之一──愛講話。

　　現在女兒已經國中快畢業，自己也已經四十好幾了，可是，柯媽媽還跑去讀高職夜校，甚至興致勃勃的告訴我：「我畢業後，還

要去讀大學。」

一、自卑的童年

　　其實，柯媽媽對自己小時候的印象是很負面的，覺得自己常被罵「臭耳人」（台語：耳背之意）。因為每每在跟同學或家人講話時，常會忘了別人在說什麼，就必須常常問人家：「你說什麼」。現在看來，這是因為一旦別人講話的時間太長、內容太多時，小柯媽媽會來不及吸收，甚至恍神，所以就會被罵「臭耳人」，這可能是注意力無法持續所帶來的短期記憶不足問題。這樣的次數一旦多了之後，柯媽媽就變得不太敢問，怕被取笑，「心裡很想問，嘴巴卻不敢說出來，就很『ㄍㄧㄥ』。」

　　「其實，我內心是很壓抑的，我很想講，可是又不敢講。」

　　「除了怕講錯被笑以外，那時候的大人都會要求小孩子說：『小孩子，有耳無嘴，不要亂講話』，所以，我都不敢講。」

　　「我還一直以為我是個文靜的人，不會跟人講話，不會唱歌的人。後來上了很多課以後，我才覺得其實我是個很活潑外向、可以

唱歌的人。」

　　柯媽媽自從瞭解自己原來從小就是個有ADHD症狀的人之後，變得很積極的探索自己，變得愈來愈瞭解自己，接受自己的症狀，進行克服症狀與之相處，自信完全顯露出來，像是脫了韁的野馬，往自己心之所在大步邁前。

二、認識自己、展現自信

　　現在柯媽媽讀高職補校，即便服藥，仍有一些短期記憶不足的問題，但是柯媽媽也很樂觀的面對它，用一些方法克服它。「我會把課文分成好幾段來背，理解每一段的意義，甚至想一些畫面，然後用內容的發展過程來記住整篇文章或詩詞。」其實，這是再普遍不過的背書技巧，可是對短期記憶力較弱的孩子或成人而言，卻特別受用，且一定要明確的教導他們，一般人則很容易「自行」發覺而運用。因為早期的傳統教育是不會特別教導學生該這麼做的，所以四十多歲的柯媽媽直到現在才能體會及運用之。此外，上了一些過動兒相關的課程，更加瞭解自己及學會一些克服症狀的技巧之

後，柯媽媽變得很有自信，成績是班上第二名，還拿獎學金，等著畢業後準備去讀大學。所以，在此特別呼籲ADHD患者及其家人，應該多接觸醫院及各地區過動症協會的課程活動，這會有所幫助的。

另外，在工作方面，當年柯媽媽國中畢業後不久，就跟家中大哥在菜市場賣魚，那段日子其實是蠻快樂的，因為可以接觸客人，也因此慢慢學會與人攀談的能力。相對的，後來柯媽媽隨著家族轉業，改從事雨衣生產工作，待在生產線上的第一關，製作雨衣配件，柯媽媽不喜歡這樣的工作，覺得無聊，因為是不斷重複同樣的工作，所以覺得很累，但因為是在生產線上的第一關，不能休息。可見，雖然同樣是勞動性的工作，一個是不斷變化的（可以跟形形色色的人聊天），一個則是固定單調的（一個人默默不斷的做同樣的工作）；ADHD 或注意力缺陷型 ADHD 患者較適合多彩多姿的工作形態。

後來實在是忍不住了，受不了這樣單調的生活，柯媽媽二十一歲時離家出走，以表示抗議。開始從事她想要的工作，一開始做了

四個月的彰化客運車掌小姐，後來參加職訓學習美容，現在則一直兼職三溫暖之美容及導遊方面的工作。柯媽媽的生命經驗告訴我們，活潑多變的工作比較適合患有 ADHD 的朋友。再者，對 ADHD 的患者而言，常用藥物利他能的幫助很大，柯媽媽甚至表示她都每天服用，且沒有常見的副作用——沒胃口；但是如果那天工作得很疲勞，則會出現額頭緊繃、頭痛的副作用。柯媽媽的女兒則完全沒有任何副作用，國小階段確實比較瘦小，但現在國中三年級，就擁有一般女生的身材，身高 158 公分左右，體重 48 公斤左右。學術研究報告也指出，一般而言，利他能所引出的副作用其實並不大，尤其 ADHD 兒童的身高體重終究可以生長到他們在遺傳上該有的範圍內。當然，藥物的副作用是因人而異的，您必須與您的專業醫師做討論。

三、待栽培的女兒

柯媽媽現在表現得這麼好，那女兒呢？

「她喔！她成績中下啦！但是，很喜歡看漫畫、畫漫畫。會花

錢買漫畫、買畫漫畫的工具。」

　　柯媽媽的女兒，自從小學一年級被診斷為「注意力缺陷過動症
（以下空白）」，便開始服藥及到醫院和協會上相關的課程，雖然
成績普通，但學校生活適應還不錯，沒有惹大麻煩。學習成就隨著
自己的興趣及能力演變後有所改變，現在數學及英文成績很差，自
然及社會就不錯，形成蠻大的落差，因此，被鑑輔會判定為學習障
礙。這是常見於台灣教育的現象，一般的 ADHD 兒童如果未達「嚴
重」情緒障礙的程度，是難以列入身心障礙生，而獲得資源班的服
務，只能在普通班接受教育。但是，通常 ADHD 兒童在普通班的
學習是以「放牛吃草」式的進行，因此，很可能隨著他們症狀的特
性而有學習能力方面的限制，例如：需要動筆寫及死背的課程，他
們就很不喜歡，日子一久，語文類科目的學習成就就會逐漸落後，
最後加大了孩子科目間的學業成就落差，就很容易被診斷為學習障
礙生。目前的教育法規是較善待學習障礙生的（相對於 ADHD 學
生而言），因此，ADHD學生走這條路，在升學管道上似乎較為順
暢。

「她不愛寫，小時候社會科老師要求他們寫報告，都是她說我寫，她那時候有很多想法，就寫得不錯。現在，她的想法少了，作文都寫不太出來。」

「現在，愛畫漫畫，會畫連環漫畫，可能是漫畫對白較短，較能接受。沒關係啦！積少成多，寫久了之後，會的字也會增加。」

「她以前（國小）只會設計對白，畫得並不好，現在（國中）就畫得很好，作品還展覽過。」

「那很好，可鼓勵她去讀高職美工科。」我很高興一個孩子可以找到自己的興趣。

「可是，她爸爸不贊成，畫漫畫又不能當飯吃！」媽媽似乎不認同讓她繼續往美術方面發展。

其實，現在台灣社會已經相當多元了，漸漸往「行行出狀元」的職場文化發展。因此，只要懷著興趣及熱忱，是可以找到一份「有飯吃」的工作。尤其 ADHD 患者有明顯的人格限制，讓他們適性發揮，人生的挫折會較少，快樂會較多。

四、人際困擾

　　柯媽媽小時候外表看起來是很靜的女生，但心底是很火熱的；因為表達能力不好，除了被嫌「臭耳人」之外，甚至也被取笑有「口吃」的現象；可見，柯媽媽小時候真的有好多話想說。所以，小學時柯媽媽在學校並沒有要好的朋友，但是，因為家族中有許多年齡相當的小孩，所以柯媽媽並不覺得特別孤單，而會有朋友、好同學的需求。到了國中，柯媽媽就有一個較常在一起的同學，也不覺得人際關係有特別的困難。

　　反而是成人之後，柯媽媽才覺得自己脾氣不好、很容易生氣，好比服務生的服務如果慢了一點，就會顯得煩躁、心情不好。平時個性被批評很不圓融、很固執，說話不中聽、很直。柯媽媽常笑說：「那是堅持。」

　　現在，在補校也沒有要好的同學，很少同學會跟她聊天，柯媽媽也說不出所以然來，可能是她在班上當幹部且年紀比一般同學大，大家跟她有距離感使然。平時柯媽媽的嗓門很大，她認為這只

是她在虛張聲勢而已，但是，可能別人就覺得她是在嚇阻別人的意見，結果旁人就不太敢發表意見了。有回，在醫院做團體治療時，因為自己表達不同意見的嗓門太大，還嚇哭了另一個發表意見的成員。

　　雖然在補校，柯媽媽沒有可聊得來的朋友，但是在工作場域裡，仍有不少可以來家裡唱唱歌、電話訴苦的朋友。柯媽媽說：「跟我女兒一樣，她在學校都沒有要好的朋友，但是如果是外面的朋友就很親。有一個以前她在學校外面參加活動認識的朋友，一直到現在她們都有聯絡，講電話都可以講很久。但是，在學校都沒有這樣的朋友。」

　　部分ADHD患者常給人的第一印象是，有個驕傲不屑的表情、眼神不愛看著正跟他談話的人；講話方式很直，會持莫名的正義感，直接了當指出別人談話內容的錯誤；不懂人際界限，對人有過而不當的肢體接觸，或完全不接觸。你說，這樣的人，你會想每天跟他（或她）親近嗎？

　　柯媽媽說，她很容易因為聽到別人說了一些跟自己不一致的意

見後,情緒就會馬上上來,有時會因忍不住衝動就發表反對意見,但是後來上了一些課程之後,有時會要求自己放鬆,而且自己不要「深呼吸再吐氣」,而是要「淺呼吸再吐氣」,因為這樣才來得及對付情緒。我覺得這是有道理的,因為 ADHD 患者既然衝動,當然無法要求他「深呼一口氣」,那樣太優雅、太慢、太花時間了,來不及排出一堆心中的「氣」(生氣)。所以,在此建議 ADHD 患者,當你陷入情緒困擾時,可以立即告誡自己要「淺呼吸」,然後離開與你爭辯的人,快速到外面進行多次的「淺呼吸吐氣」,這樣可以將自己的「牛脾氣」快速從張大的鼻孔排出,心情會舒坦些。

玖、「袖珍工房」主人

——蔡旺達先生

　　我一直在尋找已經「功成名就」的 ADHD 成人，希望他們的經驗可以讓我們學習或參考。之前我演講時總是舉前英國首相邱吉爾及愛迪生的故事，告訴大家過動兒長大之後也可以成為偉大人物。但是，這些都是外國人，缺乏說服力，家長總是刻板印象的認為，「他們外國的教育系統比較開放，這樣的人（ADHD）才可能出頭天。」這話沒錯，但也不全然對。

　　於是，我想在台灣找一個已有成就的 ADHD 患者，可以當成典範，讓孩子學習，不放棄自己，不要感到自卑，期待一日功成名就。有回在某電視台「發現新台灣」的節目裡，我找到了我要的人——蔡旺達先生。蔡旺達是位袖珍創作者，一位精工藝術工作者，喜歡做小房子、小傢俱，也就是說以類似的材質，將實景縮小為十

二分之一，做成一件件的袖珍屋，如圖 9-1。最近，他用這樣的方式保留了台灣早期的生活面貌，成了電視台訪問的對象。

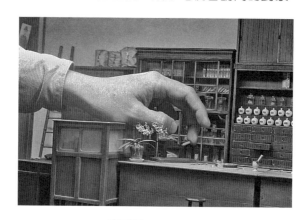

圖 9-1 「陽春藥房」

資料來源：蔡旺達

因為蔡旺達的兒子在幼稚園時，表現出社會退縮，鮮少與同學互動的情況，原以為兒子是自閉症，結果經台中榮總身心科的鑑定，才知道兒子是個注意力缺陷型 ADHD 兒童（之前稱之為 ADD）。經由這次經驗，蔡旺達才開始瞭解 ADD 這個疾病，也慢慢意識到自己也是這樣的患者，甚至覺得自己的母親及大舅子都是 ADD 患者。

一、注意力窄化

　　現在回想起來，蔡旺達覺得自己從小開始就是個很自卑的人，因為印象中，讀小學的自己常走到學校門口看到同學帶了書法用具或美勞用品，才驚覺自己忘了帶，可是，自己卻完全沒有印象老師有交待要帶這些東西，後來才知道是「自己沒聽到」。

　　為什麼他會沒聽到呢？

　　「我沒辦法一心兩用，也就是當我在抄作業或記筆記的時候，如果老師同時在交待別的事，我就會完全沒聽到。所以，我的學習就是這樣，斷斷續續的，埋頭寫東西時，就聽不到老師同時在教的事情。」

　　「現在也是一樣，當我在記東西的時候，別人在講的事情，我都沒聽到。」

　　「我舅舅吃飯的時候，常只吃眼前的那盤菜，其它盤菜都沒有看（注意）到，要別人提醒才會注意到，才會猛然發覺，但通常那時他已經吃飽了。」

　　由上述的例子，我們可以看到 ADD 的注意力資源很少，或注意力廣度很窄，無法有效分配注意力到許多的事物上。

　　「有的時候，我會寫不出字來，我要想很久，這時候也聽不到別人說的其它事了。」蔡旺達同樣表現出許多 ADHD 常有的生活缺陷之一，就是聽寫困難，他們常常無法順利邊聽邊寫下別人說的事情，例如：上課時無法完成聽寫方式的考試、講電話時無法抄寫下別人交待的事情等等。

二、被腦中的事情所吸引

　　蔡旺達也常常因為其它事情而分心，有時，是因為被腦中的事情所吸引。

　　「有時候我開車，跟太太講事情，講著講著我就開始在腦中想事情，構想（某件事）該如何做？結果就沒注意到其它車輛的存在或路況的改變，很危險，可是我控制不了我自己，我很會想。」

　　「我想事情的時候，就好像幕開了，戲就會一直演，停不下來。」

「有時候在做我的作品時，太投入了，也會忘記我剛才到底有沒有吃過飯，還會想再吃一次。」

三、被外物所干擾

「我也常找不到我要的工具，做袖珍工藝需要很多工具，可是常常我要的工具就在眼前，可是我就是看不到。」

「因為你的工具在一堆其它工具當中，所以看不到？」

「對！」

這需要所謂的「視覺搜尋能力」，是注意力運作的方式之一。在實驗室裡，我們都要求孩子在一張滿布一堆男男女女的小人像裡找出特定的主角，過去的研究已經指出 ADHD 患者找到主角的速度比較慢。

「我就是會隨手放，然後跟著忘。」

「又比如說，如果我戴著手套拿著鑰匙，回到家，就放下鑰匙，脫下手套，但是馬上我就忘了鑰匙放在那了。」

「你有沒有想過把要用的東西固定位置下來？」

「對！固定東西的位置，對我們（注意力缺陷患者）來說，很重要。如果位置換了，我很多東西都找不到。我太太就比較喜歡偶爾換一下家裡傢俱的擺設位置，這樣才有新鮮感，可是，我就會很容易找不到我的東西。」

四、自卑的過去

「我小學成績還好，在鹿港小地方相對不錯，還拿『鎮長獎』。不過到了國中，成績就變得很不好了，排名都在後面。」蔡旺達國中讀精誠中學，是彰化地區有名的私立學校，當時第一屆招生時，不用入學考試，因此蔡旺達可以就近就讀。畢業後，只考上建國工專電子科。

「小時候我是個很自卑的人，因為我大姊是個像資優生那樣聰明的人，而我卻很普通。」

「我記得小時候，我都沒有很要好的朋友，我一直很希望可以有個好朋友，那時候我很希望跟班上一個男生在一起玩，可是他都常跟另一個同學玩在一起，我就很難過。」

「讀建國工專的時候，因為那是個很不好的學校，所以『流氓』學生（指很愛玩、不讀書、沒規矩的學生）很多，我也都沒有朋友。」

「自從我結婚之後，跟我太太在一起，有了比較，我才慢慢覺得我跟別人不一樣的地方。我太太都有知心好友，大學時代的同學現在都一直有聯絡，而且感情很好，而我都沒有這樣的朋友。」

因為患有注意力缺陷的人，比較沒有辦法注意到人際關係當中較細膩的部分，例如：別人的髮型改變了，會沒有注意到，不會讚美人家，因此少了很多聊天打屁的內容。所以，蔡太太也會覺得蔡旺達不是個浪漫的老公。

但是，這樣的缺陷（無法注重人際關係間的細節）並非全然沒好處，相較而言，注意力缺陷患者比較是大而化之的個性，不會記仇，也很難記仇，因為他們注意不到，或注意不深，當然記不住與人爭執時的小細節。反之，一般人則常記得別人曾罵我、嫌我的某一句話，耿耿於懷，搞得自己心情很不好。

「像我太太就比較會記得別人曾經對她的不好，會記很久。」

所以，台北的過動兒協會叫「赤子心」基金會，大家就不言可喻了。

五、四十歲後重拾信心

「讀建國工專的時候，我們要學畫積體電路版，當時我的作業讓老師都很驚訝，他們覺得很有職業水準。」

其實，蔡旺達自小就對「物」很有興趣，很有操作能力，小時候就很會拆組東西，國中時所做的工藝作品也都深受老師及同學肯定，但是，當時的台灣社會強調的是學科成績，術科再怎麼好也不會成為社會期望的對象。

從工專畢業後，蔡旺達自己在外找工作，做了很多工作，做過電子維修、工廠作業員、品管員等，一直到了三十歲左右才應父親需要回家族企業幫忙。

「那時候，我負責印刷部分，我做得很好，我做出來的品質很高，我父親拿到日本參展，大家都很驚訝可以做出這樣的品質。我父親回國後就到處跟別人炫耀，別人就笑他，都還沒有量產，就高

興成這樣。」

　　雖然，蔡旺達在印刷方面有很突破性的表現，但他自卑的心態仍然存在。父親依然把事業的重心放在家中另一成員身上，因為蔡旺達的人際手腕較弱，領導能力較不好。

　　直到三十九歲那一年，蔡旺達才開啟了他現在的人生。那一年，他去參觀袖珍博物館，看到袖珍屋後，心之嚮往，不能自己。於是，決定放下現有一切，去做心裡面想做的事。

　　袖珍屋可以代表一個時代，蔡旺達做台灣的迷你屋，希望保留台灣文化。

　　「袖珍屋裡面的內容，包括我們上一代的生活型態，一些生活細節的紀錄，這就是一種文化。」

　　所以，蔡旺達第一個作品就是「鹿港神明廳」，因為神明廳是對一個家印象最深的地方，經過三個半月的時間，一個完全手工的作品──神明廳終於完成，且立刻被位於台北的台灣袖珍博物館收藏，與歐美作品並列，成為館內第一個台灣娃娃屋，這也是世界第一。

做袖珍屋是件非常繁複且要求相當精細的工作，尤其一開始，沒有現成的技術、機具，完全要土法煉鋼。蔡旺達都要邊做邊想，一直在解決問題。而且，黏製成品時，更是困難重重，要把一百多片的零件黏在一起，黏這個、掉那個，黏這個、撞到那個，實在困難。其實，蔡旺達做袖珍屋就像 ADHD 兒童打電動一樣，這類需要邊做邊想的工作（遊戲）很能捉住他們的注意力，如果他們對這工作有興趣，能從中獲得成就感，則將樂此不疲、會上癮，甚至忘了其間做過的其它無關的事。

在製作袖珍屋的過程中，為了更快完成作品，蔡旺達充分發揮過人的想像力，想辦法改良及發明了不少機具，例如：刨木機、迷你洗邊機等等。又運用製版廠的蝕刻技術，做出最困難的金屬雕刻，呈現更精緻的作品。

「這原本是用在電子業的技術，我第一次把它用在袖珍行業，事情沒有很深的道理，你願意去試就是你的，很多東西都是試出來的。」

甚至，他還讓所做的迷你電視，可以跟真的電視一樣播放，成

了袖珍工藝的一項創舉。

　　由於台灣近幾年經濟不景氣，生意下滑，除了在彰化鹿港所開設的「袖珍工坊」外，蔡旺達已經另有盤算，應宜蘭傳統藝術中心之邀，蔡旺達接下來將在那裡設下據點，另闢市場。但他一直有個夢，希望總有一天，可以集合國內袖珍屋製作者，將台灣一座座古蹟化為袖珍屋，用小世界記錄大時代，把時間留住，將台灣文化代代傳承下去。

六、我的偶像——愛迪生

　　很巧的是，蔡旺達小時候曾在舅舅家中的大書櫃看過一本書：《愛迪生傳記》，他就覺得自己很像愛迪生，有跟愛迪生一樣的困擾，很自卑，讀書跟不上人家。但是，很愛幻想、做白日夢，自此他將愛迪生視為偶像。

　　現在，因為兒子是注意力缺陷患者，看了一些書，才知道愛迪生也有這樣的病，而自己也是。我們都知道愛迪生曾經專心做實驗而將鬧鐘當成蛋放到鍋子裡煮。蔡旺達則是專心到忘了自己已經吃

過便當，還打電話問太太今天怎麼沒有準備午飯給他吃。注意力缺陷患者因為注意力資源有限，於是當注意力全部集中在一個地方時，其它地方發生的事便注意不到，就會忘了。

七、對兒子的教育

蔡旺達患有注意力缺陷的兒子現在已經是小學六年級了，功課中下，同樣有語文科較弱的現象，但是也有一身好手藝，曾經在百貨公司組合鋼彈模型獲獎，自家店裡袖珍屋的簡易組合也都是由兒子代勞。不過，蔡旺達似乎對兒子這方面的要求很高，言談中總透露出希望兒子跟自己一樣棒的訊息，所以之前對兒子的要求很高，覺得兒子怎麼沒有像自己一樣，有對事情要求完美的態度，認為兒子總是很散漫，隨隨便便做做就好。

另外，蔡旺達的兒子也似乎有跟老爸一樣的問題，就是渴望獲得同儕的友誼：「他常常會誇口要幫同學做什麼作業，可是回到家又做不到，結果就很沮喪，人際關係就不好。」

「可是，他的操作能力應該還是比一般同學好吧？」我實在希

望父母親可以多正向看待孩子的行為。

「對！應該。」

每個父母總是望子成龍，尤其本身很優秀的父母，更是希望子女可以跟自己一樣棒，甚至比自己好，可是，孩子無形中便有了壓力。其實，孩子們也希望可以跟父母一樣棒，可是，他們真的還小、還在學習，在父母眼裡看似輕而易舉的事，對他們而言，可是必須跌倒很多次才能達到的了不起成就。所以，身為父母的我們，該放下腳步，降下標準，讓孩子可以慢慢跟上，有天他的成就將不亞於我們。

還好，蔡旺達不會要求兒子有很好的學科成績，國小畢業後，也希望安排他到課業壓力不大的學校就讀，加上蔡太太曾是補教業的英文名師，深懂教育，相信蔡旺達的兒子有天也會和父親一樣走出自己的一片天。

八、致勝關鍵

蔡旺達自認自己有項優點，就是「不怕失敗，願意一試再

試」，對注意力缺陷患者而言，這是相當重要的人格特性。其實對於感興趣的事，他們是可以比一般人更具耐心，不怕失敗的，因為，他們的心嚮往著成功，對失敗的小細節及挫折感很快就會忘記，這也算是老天爺給注意力缺陷型 ADHD 患者的相對禮物吧！

再者，讓想像力帶領到成功的終點。大部分的 ADHD 患者具有具體影像的想像力，因為在腦海裡，不用實做，蔡旺達就可以想像作品中每個細節該怎麼做，做之後的結果會怎麼樣，或是可以製作怎麼樣的工具來協助完成作品，在腦海中，已經模擬過這些會失敗及成功的方式，等到進入實做階段時就容易多了。

在 Hallowell 與 Ratey（2005）的書 *Delivered from Distraction: Getting the Most Out of Life with Attention Deficit Disorder*（中譯本：《分心也有好成績：克服注意力缺陷，追求成功的人生》）中提到，他在接觸過數百名能夠充分發揮自己特長的過動兒之後，發現以下七種高度有效率的成人過動症患者所具備的習性，非常值得大家參考：

1. 去做你最擅長的事，不要浪費過多的時間在設法做好你不擅

長的事情上（你在求學期間，已經做夠了這類事情了）。

2.盡可能將你並不擅長的事情，委派給其他人去做。

3.為你的精力，找到一個具有創造性的發洩之途。

4.為了達成目標，你至少要訓練出「起碼」的「條理、規律」。也就是說，你不用非常非常有條理，而是為了達成目標，至少維持起碼的條理、規律。

5.詢問並留意你所信賴的人所給你的建議。盡可能不要理會那些會粉碎你夢想的人的建議。

6.要固定和幾位你所親近的朋友保持聯繫。

7.順著你那「有自信、積極、樂觀、有把握的」一面去做。即使你有負面、消極面，仍然要用你積極的那一面來做決定、來實現你的生活。

圖 9-2　蔡旺達及他的袖珍工藝

資料來源：蔡旺達

拾、過動兒之教養

　　看完了前面幾個 ADHD 患者，包括兒童、少年、青年、成人的情形，想必您對 ADHD 已經有一定程度的瞭解。最後，我試著整理幾項教養 ADHD 兒童的大原則，供家長及學校老師參考。當然，必須先聲明，教養過動兒的方式很多，絕對不限於本書所提，希望家長或老師繼續閱讀更多的書籍，嘗試更多的方式，挖掘更好的方法。而且，如果找到更好的方法，非常歡迎您告訴我（拜託您），我們一起來分享、討論，甚至驗證，幫幫這些孩子，讓他們快樂長大。因為，我只是個學校教授（象牙塔裡的人），或許有時可以有跳脫當事人迷思的觀點，但是，有時家長或老師或過動兒的實務經驗，才是我想要學習的。

一、給予適度伸展四肢的機會

　　ADHD患者一直有「動」的需求，因此在需要安靜坐著的情境

下，會坐立難安，像是身上有蟲咬似的，不舒服。這些情境很多，

包括：必須乖乖坐著吃飯、乖乖坐著上課、乖乖坐著被剪頭髮、乖

乖坐著被挽面、乖乖排隊等待等等，這時候該怎樣辦？請給予他適

度的活動機會。

（一）上課情境

1. 讓他坐在教室最後一排，允許他坐不住時，可以起身走走，
   最好給他兩個座位，如此他可以來回在兩個座位之間活動，
   減少對其他同學的影響。

2. 請他三不五時，起身幫老師發作業、收作業、擦黑板，甚至
   讓他到辦公室為老師跑跑腿等等，這樣他可以有「動」的機
   會，也可以成為老師的好幫手，在老師及同學眼裡有正向的
   形象，自己也因此形成正向的自我形象（自我概念）。

3. 三不五時問他問題，讓他有正常發言的機會，不會亂發言。
   有時，也可以抓回他已經潰散的注意力。

4. 若以上方式實在沒辦法在上課進行時，給他一個可以抓握或
   把玩的小東西，他便可以邊抓握，邊聽您講課。

（二）其它家居情境

1. 給他玩具。跟家人在外吃飯、吃喜宴時，爸媽總是希望小小過動兒可以乖乖坐著等待，這時最有效的方式是給他一個新玩具把玩，或讓他畫畫等等，他便可以坐著度過這段窮極無聊的時光。

2. 給他音樂。需要被剪頭髮及挽面等四肢沒辦法活動時，怎麼辦？開電視給他看，或放音樂給他聽。我會舉「挽臉」的例子，是因為有一位 ADHD 青少年的媽媽告訴我，她的兒子有回遇到以前常幫他挽面的阿婆時，忽然說：「阿嬤，我不是不喜歡您幫我挽面啦！是我實在坐不住。」媽媽這時才知道兒子的困境。其實，媽媽是為了讓兒子臉上皮膚好些，不為青春痘所苦，過去常要求兒子去挽面，但兒子後來很反抗這個要求，原因一直沒有跟媽媽說。

二、重視或安排可以施展技能的課程

經由邱吉爾、本書蔡旺達及「絃」的例子，您應該知道ADHD

患者在需要操作或可以活動四肢的課程上通常表現優異，例如：軍事課、工藝課、園藝課、舞蹈課、武術課、音樂課、美勞課、烹飪課等等。ADHD患者喜歡用觸覺來探索、理解外在世界，對「物」的興趣通常大於「人」，所以他們有很好的手藝，建議家長多讓這些孩子接觸這類課程，學習才藝，以獲得成就感。也請學校老師在九年一貫的課程壓縮下，可以重視這些課程，讓過動的學生有表現才華的機會，以獲得認同感。在苦悶的一般學校課程中，偶而有操作性的課程，對 ADHD 學生而言，是沙漠中的甘霖。

三、教導有效的學習策略——抵抗注意力缺陷

ADHD學生因為注意力缺陷，無法集中注意力，容易分心。同時，也無法注意細節，因此時常表現出「粗心大意」的現象。概括而言，這些都是因為他們的「注意力資源」（attention resources）較少、較有限，因此無法有效分配及運用注意力所致。

（一）將東西的位置固定下來

蔡旺達先生知道自己常常會在一堆工具堆裡，找不到剛剛才放

下去的工具，是因為一堆的其它工具會分散（干擾）他的視覺搜尋工作，使得他必須慢下來，一個一個仔細看，才能找到他要的工具，他無法像一般人一樣隨意一看，就可以找到所要的東西。再者，他沒辦法像一般人一樣，記得剛才順手放的東西放在哪兒，因為他當時正全心想著接下來的工作是什麼，於是沒有留意（注意）順手放東西的位置，因此就忘了剛剛的東西放在哪兒，就找不到了。可是，一般人除了採用視覺搜尋外，同時會配合剛才的短暫記憶，到剛才放東西的地方去找，於是很快就找到了；然而，ADHD患者則不然，他們不能有效控制分配他們的注意力，附帶的也就沒辦法有效形成短期記憶。

因此，將東西的位置固定下來，可以大大改善 ADHD 患者找不到東西的困擾，因為，不用花心思力氣在搜尋或記憶上。

（二）將明天要帶的東西「綁」好

ADHD患者在學生時代，時常會忘了帶老師交待的用具上學，例如：水彩、蠟筆、毛筆、班費、毛巾、衛生紙、某一項常放在家裡的作業等等。為此，ADHD學生常被老師寫聯絡簿，家長尷尬，

孩子本身也覺得丟臉，可是，他們也不知道為什麼自己會忘了帶。

1. 不僅是要把明天要帶的東西，在前一天晚上準備好，還要把這些東西跟書包綁在一起。例如：可以將要帶的東西裝袋之後，再用袋子的手把部分綁在書包的帶子上，這樣一來，明天一早出門，就不怕「背了書包，忘了工具袋（小袋子）。」

2. 如果只是小東西，如繳費證明、照片、錢等等，要放在哪裡呢？口袋容易掉或折壞，不好；書包的小袋子，不錯，但是有時會忘了放在哪個小袋子；最好的位置是放在「鉛筆盒」！因為，一早到校後寫聯絡簿會用到鉛筆，打開鉛筆盒就會看到、想到，就記得繳了。

3. 如果東西很大，沒辦法跟書包「綁」在一起，那怎麼辦？放在家大門口的地上，如此一來，一出門要經過，就會看到、想到，就會記得帶了。

小時候，我有個同學他經常忘記帶手帕、衛生紙、茶杯到學校給老師檢查，後來他的媽媽想到一個好方法，解決了我那位迷糊同

學的困擾。他的媽媽非常用心的把老師規定要帶的東西（手帕、衛生紙、茶杯）全部用針線縫在他的書包上（那時候的書包比較陽春，沒有暗袋）。所以，一到檢查時間，我同學只要將書包攤在桌上，老師所要檢查的東西就應有盡有，一項也不少，我們都好羨慕他喔！雖然這些用品都不能用，只能看。因此，我就想了上面幾個方法幫助 ADHD 兒童，其實，我在學生時代及現在都還用這些方法，真的很好用。

（三）學習重點所在

　　因為 ADHD 兒童讀書時，抓不到重點，很容易將注意力平均分散到每項內容去，使得眼迷濛，心茫茫，無從讀起。因此，建議在教導 ADHD 兒童課業要特別要求他們用螢光筆劃下重點，輔助他們進行注意力搜尋，減輕短期記憶力的負擔。以下是幾個實際的例子：

1. 要求 ADHD 兒童清楚標示出重點。例如：用螢光筆標示出課文中的圈詞，或重要的句子，甚至標示出既有的小標題。一般人已經可以自然而然依課文原有的設計（分段分項）瞭

解課文的重點所在，然而，ADHD兒童在這方面比較遲鈍，所以必須明示他們重點所在，這需要耐心教導。

2. 教導 ADHD 兒童如何找出重點。例如：閱讀數學作業的應用問題時，要記住先看最後一句話，並覆頌之。「樹上有四十隻紅色的鳥和二十隻黃色的鳥，有一天可惡的獵人抓走了十二隻黃色的鳥之後，請問樹上還剩下多少隻黃色的鳥？」此時，要求 ADHD 兒童劃出最後一句話，並不斷覆頌之，同時圈出題目中所有有關「黃色的鳥」的數字，如此可進而減少短期記憶內的量，輕易算出答案。

（四）將長的句子或文章分段閱讀

ADHD兒童無法持續注意一段較長的時間，較無法理解及背誦冗長的詩詞或文章，因此，必須學習將所要背誦的內容，分成數個小段落，個別背熟之後，再將之整合成一完整的內容。而且，最好可配合畫面或動作，使內容更豐富、有順序性，增進記憶。如果可以學習一些其它的記憶術則更好。

（五）遮住不相關的文字訊息

　　ADHD兒童很容易被同時存在的其它訊息所干擾，例如：當填寫答案卡時，常會填錯格，可能是太多相似的格子，互相干擾，不易集中注意力在所要填寫的格子上所致；或太多字、太多行時，容易眼花，看錯行。此時，最好的方法是將現在不需要注意的其它訊息遮住，例如：用尺遮住其它格子，以利填寫答案。

四、以「自我內言」控制自己

　　語言有兩種功能，「公眾語」（public speech）和「私語」（private speech）。公眾語是他人導向，具有社會和溝通功能，也稱社會性語言；而私語是一種自我導向的語言，係指幼兒在獨處或者有他人在場時，會發出一連串跟自己說的話語，這些話語是可以聽得見的，但不是為了跟別人溝通用的，具有自我調控的功能。這種喃喃自語現象稱為自我中心語言（egocentric speech），根據俄國心理學家 Vygotsky 的觀察，當兒童面對類似以往的困境時，他的自我中心語言就會加倍增多，這現象顯示出兒童會藉由自我中心語

言來幫助其思維。因此，Vygotsky 指出，自我中心語言可調和思維與行動，甚至有助於兒童心智的發展。而且，自我中心語言並不會隨著年紀的增長而消失，但會漸漸地轉成為口語式的思考（verbal thinking），或內化為較少能聽得見的內在語言（inner speech），所以 Vygotsky，認為自我中心語言是界於外在語言和內在語言之間的一種過度形式。

現代心理學家則認為 ADHD 兒童的此等內在語言較弱，尤其在困境時，無法主動發揮出來，無法有效調節自我的思維與行動。因此，可以教導他們背誦一些「內在語言」以指導自己的行為。在台灣，部分的醫療單位會帶領 ADHD 兒童及父母團體學習這些「內在語言」的技巧，例如：訓練 ADHD 學生在面對問題時，要依序問自己以下五個問題，來解決問題：⑴停！現在是什麼問題？⑵有哪些方法可用？⑶哪一個方法最好用？⑷做做看！⑸行得通嗎？這就是所謂的「認知行為治療」，是採用行為治療與認知治療的方法，使當事人產生行為、想法和情緒的改變。此法適用於八歲以上的過動兒童及青少年，訓練他們透過自我提醒的方式，處理負面的

想法與情緒，以增進其自我控制的能力，有助於改善其人際互動。
認知行為治療的技巧也可以由父母或老師在家裡或學校中使用。

五、施以「重口味」的獎勵方式

　　過動兒通常很急，是嫌惡等待的一群人，他們沒有耐心等待別
人的獎賞，即使是豐厚的獎勵亦然，也就是，他們不會有「十年寒
窗無人問，一朝成名天下知」的耐心及毅力。反之，過動兒喜歡立
即的、有感覺的獎勵方式，例如：給他們立即的掌聲鼓勵，會勝於
「集點記分」的鼓勵；給他們立即的拍背、擁抱鼓勵，會勝於「下
課後，請你吃香雞排」的鼓勵。因此，當家長或老師在對過動兒進
行「行為改變技術」時，需要注意所採用的獎勵是否是他們所想要
的、有感覺的。平時讚美他們的方式也必須是立即的、可觸動他們
的，這樣才能馴服他們，與他們有好的互動。

六、讓 ADHD 患者認識自己的症狀

　　我深信部分的 ADHD 患者在瞭解自身的一些症狀不為社會制

式的規範所允許時，他們會慢慢找出一些方法來掩飾這些症狀，使得它們表面看起來不那麼明顯，因此研究才會指出，ADHD患者的症狀大部分會持續一生，但所表現出來的形式會不一樣，甚至小部分會完全消失，例如：年齡愈大的孩子愈不會在上課時起身走動，但他們會變成坐在椅子上不停的抖腿或是搖晃椅子等等。

當然，也有人找到好方法成功克服了一、兩項症狀，使別人完全看不出來，例如：「我把老師交待的事，寫在手背上，這樣我就不會忘記，可以如期完成老師交辦的事。」

所以，愈讓 ADHD 患者認識自己的症狀或困難所在，他們愈可以想出一些方法克服自己的症狀與之和平共處。因為，ADHD症狀在每個人身上的影響方式略有不同，因此，克服的方式存在個別差異，如果克服症狀的方式是由 ADHD 患者自行發展出來，則更適合他們。

有些人擔心，一旦孩子知道自己是過動兒，可能會讓情況更糟，他們要不覺得沮喪，要不就是覺得「反正我是過動兒，所以我本來就會表現出這些行為」（擔心他們把自己的行為合理化），其

實，這是決定於您如何與他們「談注意力缺陷過動症」。如果是憐憫縱容的方式，他們當然會學會如何以此為藉口，但如果是面對克服的方式，他們就會學習如何改善它。總之，無論如何，基本上ADHD患者一旦知道自己是過動兒，心中是如釋重負的，因為多年來自己與眾不同的怪異行為終於獲得正面的解釋；所以，我們應該多鼓勵過動兒認識自己的症狀，除了克服它們之外，有時也可以借力使力，發揮異人的才華。

七、樹立正面的人生楷模

　　過動兒在求學的過程中，總是充滿荊棘，總有人會不瞭解他們，給他們負面的眼光、嫌惡的臉色，認為他們態度不好、沒大沒小、不自量力、藉故推托等等。確實，他們是群不善於人際關係的人，這也是他們需要特地學習的地方；但是，如果他們遭受過多的誤解及負面對待，他們將逐漸形成負向的自我概念，會認定反正自己怎麼做，都不會有任何改變，不會得到任何人的認同，最後，他們會放逐自己，不想再做任何努力了。

因此，要給他們勵志的故事，讓他們知道即使被誤解、被否定也沒關係，歷史上有一些偉人跟他們一樣，從小是被看不起的，但總有一天他們也可以像愛迪生、邱吉爾等人那般，只要堅持自己的路，終有所成。

記得有一回，我突然靈機一動問「絃」：「你媽媽有沒有跟你講一些有過動症偉人的事？」絃很快回答：「有」，而且還說媽媽跟他講了好多名人，說他們都是過動兒（其實，有些名人尚不能確定是不是過動兒）。我聽了哈哈大笑，覺得這位媽媽心機好重，太用心了。不過，這也不是壞事，鼓勵孩子嘛！

中文部分

宋維村（1982）。兒童情緒與行為異常。**特殊教育季刊，4**，20-23。

李鶯喬（1999）。注意力不足過動障礙症。**台灣精神醫學，13**，255-269。

李宏鎰（2007）。注意力不足型 ADHD 成人之學習策略。**中華心理衛生學刊，20**，317-341。

英文部分

American Psychiatric Association (1994). *Diagnostic and statistical manual of mental disorders* (4th ed., rev.). Washington, DC: The Author.

Barkley, R. A., & Murphy, K. R. (2006). Attention-Deficit Hyperac-

tivity Disorder: A clinical workbook (3rd ed.). New York: The Guilford Press.

Carroll, C. B., & Ponterotto, J. G. (1998). Employment counseling for adults with attention-deficit/hyperactivity disorder: Issues without answers. *Journal of Employment Counseling, 35*(2), 79-95.

Claude, D., & Firestone, P. (1995). The development of ADHD boys: A 12-year follow-up. *Canadian Journal of Behavioral Science, 27*, 226-249.

Gaub, M., & Carlson, C. L. (1997). Behavioral characteristics of DAM-IV ADHD subtypes in a school-bases population. *Journal of Abnormal Child Psychology, 25,* 103-111.

Gopnik, A. (1993). How we know our minds: The illusion of first-person knowledge of intentionality. *Behavioral and Brain Sciences, 16*, 1-14.

Hallowell, E. M., & Ratey, J. J. (2005). *Delivered from distraction: Getting the most out of life with attention deficit disorder.* New York: Ballantine Press.

Heaton, R. K., Chelune, G. J., Talley, J. L., Kay, G. G., & Curtiss,

G. (1993). *Wisconsin card sorting test manual: Revised and expanded.* Lutz, FL: Psychological Assessment Resources, Inc.

Hechtman, L., Weiss, G., & Perlman, T. (1984). Hyperactives as young adults: Past and current substance abuse and antisocial behaviour. *American Journal of Orthopsychiatry, 54*(3), 415-425.

Jackson, B., & Farrugia, D. (1997). Diagnosis and treatment of adults with attention deficit hyperactivity disorder. *Journal of Counseling and Development, 75,* 312-319.

Jones, G. C., Kalivoda, K. S., & Higbee, J. L. (1997). College students with attention deficit disorder. *NASPA Journal, 34*(4), 262-274.

Lezak, M. D. (1995). *Executive functions and motor performance neuropsychological assessment.* New York: Oxford University Press.

McGee, R., Williams, S., Bradshaw, J., Chapel, J., Robins, J. L., & Silva, P. A. (1985). The rutter scale for completion by teachers: Factor structure and relationships with cognitive abilities and family adversity for a sample of New Zealand children. *Journal of Child Psychology and Psychiatry and Allied Disciplines, 26,*

727-739.

Morgan, A. L. E., Hynd, G. W., Riccio, C. A., & Hall, J. (1996). Validity of DSM-IV ADHD predominantly inattentive and combined type: Relationship to previous DAM diagnoses/subtype differences. *Journal of the American Academy of Child and Adolescent Psychiatry, 35,* 325-333.

Oliver, C., Hecker, L., Klucken, J., & Westby, C. (2000). Language: The embedded curriculum in postsecondary education. *Topics in Language Disorders, 21*(1), 15-29.

Ozonoff, S. (1995). Executive functions in autism. In E. Schopler & G. B. Mesibov (Eds.), *Learning and cognition in autism.* New York: Plenum Press.

Richard, M. M. (1995). Pathways to success for the college student with ADD accommodations and preferred practices. *The Association on Higher Education and Disability: Journal of Postsecondary Learning Disability, 11*(2-3), 1-37.

Szatmari, P., Offord, D. R., & Boyle, M. N. (1989). Ontario child health study: Prevalence of attention deficit disorder with hyperactivity. *Journal of Child Psychology and Psychiatry and Allied Disciplines, 30,* 219-230.

Wender, P. H., Wolf, L. E., & Wasserstein, J. (2001). Adults with ADHD: An overview. *Annals of the New York Academy of Sciences, 931,* 1-16.

Wolraich, M. I., Hannah, J. N., Pinnock, T. Y., Baumgaerrtal, A., & Brown, J. (1996). Comparison of diagnostic criteria for attention-deficit hyperactivity disorder in a county-wide sample. *Journal of the American Academy of Child and Adolescent Psychiatry, 35,* 319-324.

Zentall, S. S., & Zentall, T. R. (1976). Activity and task performance of hyperactive children as a function of environmental stimulation. *Journal of Consulting and Clinical Psychology, 44,* 693-697.

Zentall, S. S., & Zentall, T. R. (1983). Optimal stimulation: A model of disordered activity and performance in normal and deviant children. *Psychological Bulletin, 94,* 446-471.

國家圖書館出版品預行編目資料

遇見「過動兒」，請轉個彎／李宏鎰著. --初
版. -- 臺北市：心理, 2008.04
面； 公分. --（特教故事系列；66001）

ISBN 978-986-191-136-6（平裝）

1.過動兒 2.通俗作品

173.16   97004884

特教故事系列 66001

遇見「過動兒」，請轉個彎

作　　者：李宏鎰
責任編輯：郭佳玲
總　編　輯：林敬堯
發　行　人：洪有義
出　版　者：心理出版社股份有限公司
地　　址：231 新北市新店區光明街 288 號 7 樓
電　　話：(02)29150566
傳　　真：(02)29152928
郵撥帳號：19293172 心理出版社股份有限公司
網　　址：http://www.psy.com.tw
電子信箱：psychoco@ms15.hinet.net
排　版　者：辰皓國際出版製作有限公司
印　刷　者：辰皓國際出版製作有限公司
初版一刷：2008 年 4 月
初版五刷：2020 年 12 月
Ｉ Ｓ Ｂ Ｎ：978-986-191-136-6
定　　價：新台幣 180 元